가난의 도시

가난의 도시

우리
시대
노점상을
말하다

최인기 지음

나름북스

차례

봄은 노점상에게 사치입니다. 단속반은 바구니를 걷어
차기 일쑤고 노점상 할매는 아스팔트 위로 쏟아지는 나
물을 주워 담는 게 일입니다. 개나리 노랗게 피어날 즈
음 단속은 황사 바람이 되어 가난한 이의 등을 후려칩니
다. 익숙한 일상이 되어버린 도시 길모퉁이 풍경입니다.
하지만 노점상은 생계를 위해 마지막으로 거리를 선택
한 사람입니다. 대다수가 자신의 노동력으로 손수레와
포장마차를 이용해 거리를 점유하는 방식으로 장사하지
만, '불법'이라는 굴레에 단속당하고 내몰리며 겨우 생
계를 유지하는 '가난한 사람'입니다.

　하나부터 열까지의 생활방식이 모조리 코로나19에
휩쓸린 사이 '노점상 재난지원금'이 언론의 주목을 받은
적이 있습니다. 하지만 자료가 없어 노점상을 제대로 이
해하는 데 제약이 있다는 지적이 뒤따랐습니다. 이런 이

야기를 들을 때마다 마음이 무거웠습니다. 길에서 쉽게 볼 수 있는 노점상이지만 마치 '집 앞 우뚝 버티고 서있는 나무처럼' 너무 익숙해서 간과했던 것일까요? 이들이 언제부터 존재했고 몇 명이나 되는지 누구도 자신 있게 이야기하지 못했습니다. 용기를 내 노점상 이야기를 풀어내기로 결심했으나 기록 작업은 녹록지 않았습니다. 삶이 유린당하는 현장을 떠올리는 것은 가슴을 치는 것처럼 고통스러웠지만 기억이 퍼즐 조각처럼 맞춰지고 덩달아 글도 조금씩 쌓였습니다.

책의 내용을 간단히 소개하면 이렇습니다. 1장에선 노점상의 역사를 거슬러 올라가 오래전 이들의 모습을 살펴봅니다. 1960년대 말 서울로 상경한 노점상 양연수 씨의 시선으로 문제를 들여다보고, 1980년대 말까지 이들이 어떻게 단체를 건설하고 저항해 스스로의 삶을 지켜왔는지 알아볼 것입니다. 2장은 최근까지 생존권을 지키는 과정에서 희생된 사람들 이야기입니다. 2021년 30여 개 단체가 모여 '이덕인 열사 공대위'를 다시 결성했고 '진실·화해를위한과거사정리위원회'에 진상 규명을 요구하고 있습니다. 상처는 아물지라도 흔적은 남기에 기억을 더듬어 꼭 추모해야 할 사람들을 소개합니다. 과거의 아픔을 기억하는 것은 같은 일이 반복되지 않도록 하기 위해서입니다.

3장은 대중문화와 언론에 비친 노점상입니다. 생활의 달인에 나오는 명물 노점상처럼 친근한 노점상부터, 다르다는 이유로 혐오의 대상이 되는 노점상까지 다양한 이야기를 담았습니다. 4장에선 노점상을 둘러싼 법률과 정책을 다룹니다. 정부와 기관 주도로 추진된 정책이 실제 이들의 삶에 어떤 영향을 끼쳤는지 도시를 둘러싼 '협치와 상생'이라는 주제로 살펴보았습니다. 그리고 실천으로 이어지기 위해 '노점상 생계보호를 위한 특별법'을 제안했습니다. 마지막 5장의 세계 각국의 노점상 엿보기는 국제연대 활동의 경험을 토대로 다른 나라 노점상 정책이 어떻게 흘러왔는지 개괄한 것입니다.

이 책은 노점상 이야기를 중점적으로 다루고 있지만, 차별에 맞서 싸우는 장애인, 또는 어디선가 공간을 점유하며 저항하고 있는 철거민 등 도시 한쪽에서 내몰리거나 소외당한 사람들 이야기입니다. 작업장으로 한정된 현장의 개념을 지역과 공간으로 넓히고 연대를 구축해 다양한 사람들과 세대가 공존하는 차별 없는 도시를 위해 노력할 필요성도 제기했습니다. 일상 시기 노점상은 시민과 지역 주민 등 다양한 얼굴로 존재하지만, 삶의 공간에서 상품으로 전락하고 배제당하는 공통된 모순을 자각할 때 자신의 권리를 위해 싸우는 사람이 됩니다. 세상 사람에게 이들도 이웃이라는 것을 생각해 보는 시간이 되었으면 합니다.

그리고 도시의 정책을 결정하거나 공부하는 사람이라면 굴곡진 이들의 삶을 살펴보고 정책의 밑그림을 그리는 데 참고가 되었으면 합니다. 경제적으로 힘든 세상살이와 코로나 바이러스에 고통받는 이들에게도 조금이나마 힘이 된다면 정말 좋겠습니다. 무엇보다 매일 싸우는 것이 일상이 되어버린 노점상에게 방패가 되는 자료라면 더할 나위 없겠습니다. 무인도에서 유리병에 글을 담아 띄워 보내는 절박한 심정으로 이 글을 세상에 내놓습니다.

걱정도 많습니다. 기억은 여러 모습으로 드러나기 때문입니다. 주관적 판단과 경험의 한계로 왜곡이 있을 수 있습니다. 훨씬 더 많은 사건과 기억해야 할 사람이 있지만, 모두 소개하지 못한 점도 아쉽습니다. 부족하고 미진한 부분은 누군가에 의해 계속 수정되고 기록되어야 할 것입니다.

이번에는 어두운 글이 아니라 밝고 예쁜 글 좀 쓰라는 어머니의 말씀을 최대한 거역하지 않으려 했습니다. 그리고 거동이 불편하시지만 버팀목이 되어 주시는 아버지께 감사드립니다. 언제나 격려와 후원으로 힘이 되어 주시는 일본의 노무라 모토유키野村基之 님께 감사합니다. 무엇보다 거리에서 장사하는 노점상들에게 감사의 마음을 전합니다. 끝으로 힘든 여건에도 함께 길을 가는 빈민운동가 여러분의 애정 어린 충고를 기대합니다. '저항'도 세상을 사랑하는 방법입니다. 그들의 무릎이 꺾이지 않았으면 좋겠습니다.

1장

노점상의 노_露는 이슬이다

1.
노점상은 누구인가

  청계천을 자전거로 달린다. 집에서 황학동까지는 5분 거리다. 이곳에서 유년기와 청소년기를 보냈고, 경기도와 서울 변두리를 떠돌다 중년이 되어 다시 청계천에 정착했다. 매일 대로변을 자전거로 달려 서울역 근처 청파동 사무실에 출근한다. 그러면 청계천이 변하는 모습을 사계절 내내 관찰할 수 있다. 세운상가 공구 가게 근처엔 높다란 담벼락과 거대한 굴착기가 둘러쳐 있고 개발을 반대하는 현수막이 걸려 있다. 이렇게 개발은 멈추지 않고 계속되지만, 복원공사로 한때 사라졌던 '청계천 노점상'들은 주말이면 모여들어 황학동 거리를 빼곡히 메운다. 어린 시절 살았던 삼일아파트는 토막 나 철거될 날을 기다리고 있는데 주변 노점상은 여전히 건재하다. 개발은 오래된 것을 몰아냈지만 성실한 사람의 삶은 내쫓지 못했다.

사전적으로 '노점상'은 '길가의 한데에 물건을 벌여 놓고 하는 장사를 하는 사람'이다. 영구적인 판매시설이 아닌 곳에서 상행위를 한다. 대부분 특정 인도나 공유지, 사유지에 자리를 마련하거나 포장마차, 손수레로 옮겨 다니며 장사한다. 많은 사람이 '길 노路'로 알고 있는데 노점상의 '노'는 '이슬 노露'다. 그러니까 노점상露店商이란 이슬을 맞으며 고달프게 장사하는 사람이라는 뜻으로도 해석된다. 거리에서 이슬을 맞고 사는 사람들도 이슬 노露자를 쓴 노숙인露宿人이다.

외국에서는 노점상을 'hawker'(길거리나 시장 등에서 호객행위를 하는 노점상)와 'pedler'(이동식 노점상), 'vendor'(일정 지역에서 반유동형, 고정형으로 상품을 판매하는 노점상) 등으로 부른다. 맥기T.G.Mcgee에 따르면 '공공 장소에서 상업 활동을 하는 상인으로서 임대료와 세금 등의 영업비용을 부담하지 않고 공간적으로 이동할 수 있으며 소규모 자본으로 경영하는 소상인 집단'을 말한다. 그리고 '공공장소, 특히 도로에서 법적 등록이나 허가 없이 소규모의 자본으로 상행위를 하는 경제활동'을 가리키기도 하며 '도로를 이용하고, 공공의 장소를 점용하며 간이 진열대를 사용하여 물품 판매와 기타 서비스를 제공하는 사람' 등으로 규정되기도 한다.[1]

한국에서 노점상을 부르는 말은 다양하다. '잡상인'이라 불리기도 하며 이리저리 쫓기고 내몰리는데 지금도 종종 전철역이나 고층 건물에서 '잡상인 접근 금지'라는 공지를 볼 수 있다. '거리 가게'라는 표현도 박근혜 정부 시절 소위 창조경제의 이름으로 처리된 '푸드카' 합법화와 함께 등장했다. 자치단체의 지원을 받는 '거리 가게', '푸드카' 또는 '푸드트럭', '야시장'이라는 새로운 이름으로 변신해 소비자의 정서에 인입되길 원하지만, 이들은 행정기관의 통제로 자신의 운명을 스스로 결정할 수 없고 착실한 관리 대상이 된다. 그리고 상업자본의 논리에 휘둘려 물건을 공급하는 업체에 종속되기 마련이다.

---

1   최상철, 『노점상의 실태와 대응방안』, 서울시정개발연구원, 1993, 23쪽.

즉 노점상의 '상품 가치'는 여러모로 이용되지만, 혜택을 받는 쪽은 제작업체와 공급업체뿐 많은 푸드카와 거리 가게 당사자는 불이익을 받는 형편이다.

언어란 같은 대상을 어떻게 호명하느냐에 따라 그 의미도 달라진다. '장애인'과 '불구자'가 다르듯 '잡상인'과 '거리 가게'는 노점상의 삶과 현실을 제대로 담지 못한다. '노점상'은 지난 1980년대 이래 스스로 조직하고 단속에 맞서 저항하며 비하를 거부하고 쟁취한 단어다. 단속, 시위 등 과격한 이미지가 덧씌워졌어도 사회 변화에 동참한 저항의 주체로서 '노점상'으로 불려야 한다.

2.
삼국시대 보부상과
조선의 난전

아주 오래전부터 마을 장터는 사람들이 모여 물건을 사고파는 경제활동의 근거지였다. 가격과 가치가 천차만별인 물품들이 거리에서 자유롭게 매매되었고 규모가 커지면서 상업 활동이 활발해졌으며 전국으로 확대되었다.

조선 초기 각 지방은 특산물, 농수산물, 공산품을 국가에 상납했지만, 중기 이후엔 제도가 마련되어 세금을 쌀로 납부했다. 국가는 지방의 특산물을 손쉽게 얻기 위해 직접 혹은 지방관청을 이용해 물건을 사들였다. 생존을 위한 소규모 장사에서 부를 축적하는 수단으로 서서히 변화한 시장은 전국을 활보하며 유통을 담당했던 보부상과 현재의 노점상인 난전 상인, 그리고 본격적으로 특정 장터에서 매장을 연 상인으로 발전한다.

여기저기 옮겨 다니며 장사하는 보부상은 삼국시대 때부터 존재했다. 물물교환 방식으로 장사하는 소규모 상인에 대해 고려 후반과 조선 초에 보부상이라는 말이 본격적으로 등장하는데 이는 보상褓商과 부상負商을 총칭하는 말이다. '봇짐장수'라고도 불리는 보상은 발전한 기술이 적용된 정밀한 세공품이나 값나가는 잡화를 보자기에 싸 들고 다녔다. '등짐장수'라 불리는 부상은 목기, 토기 등과 같은 생활용품과 가내 수공업품을 질빵에 걸머지고 다니며 팔았다. 그들에게는 강력한 규율과 체계를 갖춘 '상단'이라는 조직이 존재했다.[2] 조선 말 행상은 200만 명이 넘었고, 실제로 보부상 채장(증명서)을 받아 활동하는 상인은 50만 명 이상이었다.[3]

한편, '난전'은 허가받지 않은 상태에서 상품을 판매

2   유원동, 『한국민족문화대백과사전』, 한국학중앙연구원, 1995.

3   이인희, 『제국의 상인: 보부상 준마, 경제의 꽃을 피우다』, 북허브, 2017.

하는 가게로 오늘날의 노점상과 비슷하다. 상업 질서를 어지럽힌다는 의미에서 붙인 말이며 '난장판'은 난전을 비하한 말이다. 난전이 형성되는 장터 주변은 사람이 모이고 흩어지는 중요한 장소였다. 이들에 의해 상권이 만들어지면서 '시전'을 중심으로 난전 상인과 시전 상인이 상생해 나갔다. 하지만 상권이 점점 커지자 이해관계가 충돌했고 지금의 노점상처럼 단속 대상이 되었다. 난전 상인과 상생 관계에서 경쟁 관계가 되자 일부 시전 상인은 우월적 지위를 이용해 난전을 단속할 자체 자경단을 거느리기도 했다. 현재의 단속반인 셈이다. 단속반은 난전 상인을 적발해 물건을 빼앗고 장사 자리를 치웠다. 정부도 직접 단속에 나섰는데 적발한 물품은 벌금 명목으로 몰수했고, 물품이 벌금보다 적을 땐 난전 상인을 곤장형에 처했다.[4]

『동국세기』에는 남성 채소 상인을 '매채한'으로 불렀던 기록이 있으며 이들이 큰 목소리로 사람을 끌어 모았

------

4   정원식, '[역사 속 숨은 경제이야기] 시전상인의 독점권을 철폐한 신해통공(辛亥通共)', 한국경제, 2016. 9. 2.

다고 서술돼 있다. 신윤복의 '여속도첩'에는 머리에 생선 바구니를 이고 채소를 옆구리에 낀 채 장사하는 여성 노점상인이 등장한다. 한양 풍속을 정리한 유득공의 『경도잡지』에도 이 같은 풍경이 구체적으로 나온다. "대체로 장 보러 가는 사람은 새벽에는 이현과 소의문 밖으로 모이고, 점심때는 종가로 모였다." 당대 한양에서 가장 발달한 시장은 오늘날 광장시장 인근인 동부시장과 남대문시장의 전신인 칠패시장이었다. 동부시장에서는 서울 근교의 채소, 그중에서도 배추가 주로 팔렸고 칠패시장에서는 서해의 각종 어물과 미곡이 팔려나갔다.

한국문화유산정책연구소 황평우 소장의 설명에 따르면 17세기 후반에서 18세기 사이 간빙기로 인한 기후 변화로 피폐한 농민들이 한성으로 몰리자 남대문 근처에 가난한 사람들의 숙소가 형성되었고, 이들을 중심으로 먹고살기 위해 물건을 사고파는 장이 형성되었다고 한다. 가가假家 즉 임시로 지은 집인 '난전'이 생겨나며 거리의 상거래 행위가 본격적으로 전개되었다고 한다. 조선은 건국 초기부터 농업을 국가의 기간산업으로 삼은 농본주의 사회였기에 상업을 억제했다. 백성들이 이문만 쫓고 농업은 등한시할 것을 우려했기 때문에 상인은 사농공상士農工商 중 가장 천대받는 신분이었다. 상업에 대한 국가 통제가 강해서 수도인 한성에서는 허가받은 상인만이 물건을 팔 수 있었다. 지정한 곳 이외에서의 장 개설과 상거래는 금지됐다. 조선 후기 들어 정부로부터 특권이 부여된 6개의 큰 시전이 종로 1가와 2가에 만들어졌고 그들이 취급하는 상품을 다른 상인이 거래하는 것을 금지할 수 있는 권한, '금난전권'을 부여했다. 즉 '육의전'은 특권적 상인들의 단체였다.

조선이 막강한 상업적 특권을 시전 상인에게 부여한 이유는 시전 상인이 상점 임차와 거래에 따른 세금을 부담했기 때문이다. 왕실이나 관아에 필요한 물품도 조달하고, 정부 부역에도 참여했으며, 나라의 행사와 공공시설 개보수에도 동원됐다. 즉 시전 상인의 역할이 필요했던 정부가 그들에게 독점권을 준 것이다.[5] 이렇게 본격적으로 유통을 독점한 상인들은 지방의 상품을 다른 지역으로 활발히 유통하고 사재기를 통해 더 큰 이익을 얻

5   앞의 글.

으며 매점매석했다. 이에 정조는 1791년에 이르러 마침내 금난전권을 폐지한다.

뿐만아니라 금속화폐가 전국적으로 유통되면서 도시 상업 인구는 더더욱 발전했으며 상인의 사회적 지위가 급격히 높아졌다. 이는 조선 후기에 접어들어 양반과 상인의 봉건적인 계급제도 붕괴를 가속하고 자본이 성장하는 밑바탕이 된다.

3.
해방 전후 노점상과
오일장

일제강점기 계급구조가 파괴되고 근대화가 진행되면서 유통시장에 세계 각처의 문물이 유입됐다. 1930년대 노점상 및 행상의 수는 약 11만3,000여 명으로 전체 상업 인구의 23.8%나 차지했다. 남성이 물품 판매 업주, 노점 행상 등의 순으로 구성된 데 반해, 여성은 접객업과 노점이나 행상이 상업 인구의 대부분을 차지했다. 전체적으로 조선의 상업 인구 가운데 접객업과 노점 행상 및 군소 상점주가 절반이 훨씬 넘었다.[6] 이 시기엔 일정 기

6 한국사회연구회, 「일제하 도시빈민층의 형성」, 『한국의 사회신분과 사회계층』, 문학과지성사, 1986, 239쪽.

간을 정해 장이 서는 형태가 발전하는데, 교환할 상품을 준비하는 데 걸리는 시간이 평균 5일 정도라 오일장이 확산했다. 이런 오일장은 주로 지방 중소도시에서 형성되었고 기간을 정해 열린다는 점 덕분에 활동 반경은 더욱 커졌다. 일제강점기의 소작농, 농업 노예, 극빈 계층들이 도시로 유입되어 난전과 노점상으로 생계를 이었다. 이렇게 노점 거리가 형성된 곳은 경제뿐만 아니라 정치적으로도 중요한 장소로 영향력을 넓혀갔다.

마을의 시장이나 장터는 억울함과 분노를 토로하는 토론장이자 삶의 현장이었다. 시장과 노점 거리가 형성된 곳에서 세간의 정보를 유통하며 집회를 열었고, 이곳에서 독립운동이나 전국적 시위, 항일투쟁이 시작되기도 했다. 이 밖에도 도시로 유입된 일제강점기 소작농과 기아 상태의 빈민들이 하천과 산 중턱 비어있는 공터에 토막집을 지어 거주하는 '토막민'이 되었고 노점상으로 생계를 이었다. 근대화의 바람으로 각처의 문물이 유입되고 유통시장은 확대되어 다양한 특산물과 상품이 곳곳으로 팔려나갔으며, 일제강점기 자본은 적극적인 친일을 통해 경제적 기반을 서서히 갖춰 나갔다.

지난 2019년 유성 오일장을 방문했다. 정월 대보름을 앞두고 충청권과 멀리 강원도에서 나물과 밤, 고구마, 곶감 등 농산물이 올라와 알록달록한 파라솔 아래 펼쳐졌다. 엄마를 따라 나온 아이의 손에는 호떡이 하나씩 들렸고, 봄을 알리는 신상품과 생활용품을 고르는 사람으로 장터는 북적였다. 여느 장터와 다르지 않은 모습이지만 거리 곳곳엔 재개발을 반대하는 현수막이 바람에 펄럭이고 있었다. 유성 오일장은 1916년 10월 15일 개장한 이래 장대동 일대를 중심으로 세를 확장해 5일마다 서는 전통시장이다. 2019년 2월 21일 다시 찾은 유성 구청에서는 충청지역 노점상과 재개발해체주민위원회가 재개발 추진 반대 집회를 개최하고 있었다. 이 집회를 추진한 대전·충청지역의 노점상 대표 김성남 지역장은 이렇게 말한다.

"100년의 역사가 가진 전국 5대 전통시장인 '유성시장'을 시대착오적인 개발 논리로 밀어버리고 초고층 아파트를 짓는다는 것은 대전 시민과 유성구의 발전을 놓고 보아도 있을 수 없는 일입니다. 전국 5대 전통시장 중에 재개발에 묶여 전통시장으로 등록조차 되지 않고, 정부와 지자체의 전통시장 활성화 지원이 전혀 없는 곳은 유성전통시장이 유일합니다. 유성 오일장이 어떤 곳입니까? 3·1운동 당시 만세운동이 있었던 중요한 항일 역사문화유적지 아닙니까? 우리 후대에 물려줄 항일독립의 역사와 문화유적지를 잘 보존하지는 못할망정 이를 훼손하는 결정을 우리는 지켜보고만 있을 수 없습니다."

유성장터엔 지금도 '기념비'가 세워져 있다. 1895년

2019년 '백년 전통 유성 5일장 지키기 집회'

명성황후 시해 사건이 일어나자 진잠 현감을 지낸 문석봉이 의병을 일으켜 을미의병의 효시가 된 곳이다. 유성 오일장과 시장은 대를 이어 살고 있는 수많은 상인과 1,000명이 넘는 노점상의 터전일 뿐만 아니라 대전지역의 소중한 생활문화 공간이다. 하지만 세월이 흐른 현재, 유성 장대B구역 재개발을 앞두고 어려움에 부닥쳤다. 이렇게 전국적으로 개발이 이뤄지고 상권이 변하면서 오일장도 서서히 자취를 감추고 있다.

2021년 정초에는 오래된 전통시장인 가야읍 가야시장과 함안 오일장을 방문했다. 코로나 19로 빌미로 군청에서 장터 주변에 차량을 줄지어 세워 놓고 장사를 막았다. 신도시가 들어서고 새로운 상권이 만들어지면 틈새시장으로 장이 들어선다. 오래전 난전을 상대로 자경단을 결성해 단속했듯이 오일장의 규모가 커지면 단속이 이어진다. 스스로 단체를 만든다 해도 상인들의 주소가 흩어져 있기 때문에 모란시장처럼 전국적으로 유명한 오일장을 제외하면 단속이 있다. 노점상 단체로 조직되어 있는 오일장으로 안산장, 그리고 광주의 푸른길, 부산의 구포시장, 경남 함안시장에서의 단속이 대표적인 사례다.

해방 후 조선에 남겨진 일본인 자산은 국영기업이 되거나 민간에 매각되었는데, 한국전쟁을 거치면서 미국의 지원을 받아 자본주의 발전의 토대로 전환했다. 하지만 여전히 농민은 소작농과 농업 노예로 생계를 이었고, 도시민은 노동 노예로 전락해 노동력을 착취당하며 비참하게 생활했다. 광복 이듬해인 1946년 서울은 수도의 지위를 얻었고 해외 · 월남 교포가 귀환하면서 1949년 특별시로 승격된다. 통계에 따르면 당시 서울 인구는 141만8,025명이었다. 노점상 문제를 살펴볼 때 시대별 경제 추이와 인구 변화는 도시화를 이해할 중요한 지표다.

한국전쟁 이후 사람들은 극단적 기아 상태에 내몰렸다. 전쟁의 피해자인 민중은 생존 수단으로 노점상을 선택할 수밖에 없었다. 이 시기 노점상은 극히 한정된 자원과 어려운 경제적 조건에서 사회안전망 역할을 톡톡히 수행했다. 한국전쟁 이후 미군 부대에서 사용하던 물건이 시장으로 흘러나와 유입되기 시작했다는 점이 특이하다. 전쟁으로 모든 것이 황폐해지고 물자가 부족했

1969년 참외를 파는 청계천변 노점상/ 노무라 모토유키

던 시절, 이 물건들은 소비자의 선망이 되었다. 부산의
국제시장과 대구 등 대도시의 풍물 벼룩시장, 서울의 청
계천 등이 이러한 흐름 속에 점차 활황을 누리기 시작한
다. 1950년 6 · 25전쟁 발발 등으로 줄었던 인구는 1955
년 157만4,868명을 기록하며 전쟁 이전 수준을 회복했
다. 전쟁 피해가 거의 복구되고 도시가 발전하면서 다시
중대한 변화가 찾아온다.

4.

양연수 씨와
1960~70년대 노점상

청계천 삼일아파트 길모퉁이에서 중고 자전거포를 운영
하는 양연수 씨로부터 1960~70년대 노점상 이야기를
들었다. 이 분의 이력을 빼고 노점상 운동의 역사를 논
할 수 없다. 노점상 사이에서 '왈왈이'로 통하는 사람이
다. 보통 감옥 안에서 사회문제로 구속된 양심수들이 교
정 행정에 대한 불만 사항을 앞장서서 떠들어댄다고 해
서 왈왈이라 부른다. 단속을 당하는 과정에서 여러 차례
감옥을 들락거리며 세상의 불의에 맞섰고 평생을 그렇
게 산 사람이다. 코로나19가 다시 확산한다는 소식이 오
르내리는 토요일 어느 날 자전거를 끌고 청계천 벼룩시

장으로 나왔다. 오래전 20만 원 주고 산 중고 자전거의 타이어를 교체하러 양연수 씨 가게에 들렀다.

"안녕하세요." 두 손을 가지런히 모아 인사드리자 "왔나?" 말하곤 하던 일을 계속한다. 나도 "네" 하고 말았다. 더 말을 붙이지 않고 서로 어색한 시간이 흐른다. 따뜻한 햇살을 받으며 청계천 벼룩시장 물건을 구경하며 지나는 사람들을 지켜본다. 방문할 때마다 느끼지만 이 많은 사람이 도대체 어디서 몰려올까 궁금해진다. 양연수 씨가 진열해놓은 자전거 헬멧이나 전등을 만지작거리다 바퀴 갈러 왔다고 하자 그냥 한쪽에 두라고만 한다. 바쁜 시간이라 귀찮아하는 것 같다. 여간 까탈스러운 분이 아니기에 자전거를 두고 벼룩시장을 한 바퀴 돌아본 후 점심시간 맞춰 다시 왔다. 괜찮아 보이는 자전거가 눈에 띄었다. 타던 자전거를 내주고 웃돈 드려 새로 장만했다. 그리고 자전거포 옆 식당에 함께 들어가 동태탕과 백반, 막걸리 한 병을 주문했다. 막걸리 한 잔 따라 드리고 옛날이야기를 들어보기로 했다.

막걸리 한 사발을 들이켠 양연수 씨가 이야기를 꺼내놓았다. 그는 1948년 전남 나주에서 태어났고 스무 살이 채 되기도 전에 남대문 시장에서 장사를 시작했다. 1960년대 남대문시장은 그야말로 사람들이 뒤섞여 힘깨나 쓰는 사람이 노점상 자리를 차지하는 무법천지였다고 한다. 그 시기 박정희 정권에 의해 본격적으로 재벌 중심 수출주도형 공업화가 전개되었다. 저곡가 정책과 농축산물 수입 개방에 따른 파탄으로, 농사를 지어선 자식을 키워 내기 어렵다고 판단한 농민들이 대거 도시로 몰려들었다.

중학교도 마치지 않은 양연수 씨도 가난을 안고 이촌 향도 행렬에 합류했다. 박정희 정권에 의해 추진된 1962년 제1차 경제개발 5개년 계획은 한국 사회가 성장 과정으로 진입하는 배경이 되었고 서울 인구는 폭발적으로 증가해 1963년에 300만 명을 넘긴다.[7] 하지만 생산은 국내에서 이뤄지고 소비는 수출을 통해 서방국가에서 이루어지는 자본 순환구조는 미국 중심의 대외 의존적 경제를 심화시켜 생산과 소비가 유기적으로 발전하지는 못했다. 국내 시장은 그저 저임금 노동력 제공지

---

7 '서울 인구 변화사', 한국일보, 2016. 6. 1.

로 존재했고, 유통 부문은 빈약한 내수 시장을 지탱하는 범위 내에서 한정된 발전에 그쳤다. 특히 1970년대까지 유통시장은 영세한 규모를 벗어나지 못했고 이윤을 창출할 만큼 규모가 크지 않았다.

양연수 씨는 먼 친척의 도움으로 서울의 가장 큰 시장 가운데 하나인 남대문 시장에서 노점을 시작했다. 배운 것 없는 무일푼에 특별한 기술도 없어 생계 방편으로 삼았다고 했다. 다른 이주민들과 마찬가지로 변두리 판자촌은 그가 정착하기에 그만이었다. 급격히 늘어난 인구를 공식적인 노동시장으로 모두 편입시키기 어려웠던 도시에서 사람들은 양연수 씨처럼 임시방편으로 노동시장 외곽의 노점상을 선택했다.

젊은 양연수 씨는 어떻게든 가난에서 벗어나려 노력했다. 나라는 높은 경제성장률을 기록하며 산업화를 이뤘지만, 저임금 장시간 노동에 기초한 인력이 필요했던 시절에 그를 기다리고 있던 것은 천대와 굶주림, 그리고 치열한 생존 경쟁뿐이었다. 한국전쟁 이후 경제 성장을 일군 시대정신 '반공'과 '빨리빨리' 아래 서민의 고통은 커졌고 가난과 불평등이 심화했다. 1970년대 노점상은 장사가 될 만한 곳을 중심으로 급속히 늘었고, 이를 무작정 재정비하기도 어려웠다. 이때만 해도 사회는 아직 노점상에 온정적이었고, 단속으로 도시 빈민의 생존 근거를 위협함으로써 사회 불안을 일으키는 것을 원치 않았다. 특히 이주한 농민과 가난한 노동자가 노점상을 통해 싼 가격에 생필품을 구매할 수 있었던 것도 한몫했다. 행정이 미치지 못하는 가난의 사각지대를 이들이 메우고 해결했기에 묵인된 것이다. 양연수 씨도 몸에 밴 근면과 성실, 절약 습관으로 열심히 살았다.

5.
1980년대 군부독재와
노점상

까마득히 지난 일이라 이제는 흐릿하지만, 양연수 씨를 처음 만난 건 1989년 겨울이다. 남루한 개량한옥이 즐비하게 늘어선 종로3가, 지금은 핫플레이스가 된 익선동 근처 청년단체 사무실에서였다. 첫 만남부터 그는 요란했다. 사회가 변하고 민주주의가 되려면 젊은이들이 들고일어나야 하는데, 세상이 썩어도 너무 썩었다며 화내고 있었다. 도무지 무슨 말인지 알아들을 수가 없었다. 그는 종종 뭔가를 종이에 적어 와 타이핑을 부탁했는데 대부분 유인물이나 성명서 같은 것이었다. 그리고 때로는 이게 세상을 바꿀 기획안이니 함께 하자고 후배들을 닦달하곤 했다. 한마디로 돈키호테 같았다.

1995년 가을 어느 날 그가 다짜고짜 익선동 한옥 거리의 식당으로 날 끌고 갔는데 그 자리에 소설가 조정래 씨가 있었다. 양연수 씨는 『태백산맥』의 노벨문학상 수상을 추진하겠다며 나더러 청년 부문을 맡으라고 했다. 내가 몸담은 단체가 1994년 국가보안법 위반 사건으로 고초를 당하고 있었고, 이로 인해 서울구치소에 수감되었을 때 감옥 안에서 감명 깊게 읽은 책이 마침 『태백산맥』이었다. 당시 양심수들의 필독서였고 일반 수감자도 쉽게 접할 수 있었다. 청년단체 의장 임기를 마치고 활동 전망을 고민하던 차에 이끌린 그 자리에서 나는 얼떨결에 그의 제안을 받아들였다. 무엇보다 소설가 조정래 씨가 눈앞에 앉아 있으니 마음이 동하기도 했고 더 거절할 수 없었다. 그날 이후 지금까지 노점상 단체에 눌러앉아 있다.[8]

단체에서 활동을 시작한 시기는 인터넷이 보편화되기

---

8 당시 단체 이름은 '전국노점상연합'이었는데 이후 이름이 바뀌고 분화되어 편의상 노점상 단체로 부르기로 한다.

전이었다. 출근하면 노점상 소식이 실린 신문 기사를 찾아 스케치북에 스크랩했다. 운동단체의 성명서나 인권운동사랑방에서 매일 팩스로 보내오던 〈인권 하루 소식〉을 살펴보고 유인물의 기초를 잡았다. 회의 자료를 만들고, 집회 기획안을 쓰고, 유인물을 제작했으며 한 달에 한 번 노점상신문을 발간했다. 그리고 틈틈이 선배활동가들을 붙잡고 옛날이야기를 물어 이들의 과거를 정리하기 시작했다. 1985년 6월 15일 민주언론운동협의회의 기관지 형식으로 창간한 《말》과 《길》, 그리고 《흐름》이라는 잡지가 노점상 문제를 간간이 다뤄 기사를 복사해 스크랩해두었다가 회람했다.

노점상 자료를 찾다가 발견한 책은 정동익 선생의 『도시빈민연구』[9]다. 책에 따르면 1983년 7월 11일부터 18일까지 집중적인 노점상 단속은 모두 3,282건이었다. 33명이 고발당했고 222명이 범칙금 스티커를 발부받았다고 한다. 포장마차는 모두 352대가 단속되었고 그 가운데 200대가 단속 차량에 의해 수거되어 162대가 현장

---

9   정동익, 『도시빈민연구』, 아침, 1985.

폐기되었다는 사실도 알게 되었다. 그리고 1983년 7월 19일 새벽 1시부터 시청 앞 광장에 1,000여 명이 모여 당국의 무차별 단속에 항의하며 '정부는 노점의 생계를 보장하라, 생활 대책을 세워 달라'고 시위를 벌여 시청 일대 교통이 큰 혼잡을 빚었다고 한다. 시위가 점차 격렬해지자 기동 경찰 200여 명이 출동, 앞장서 구호를 외치던 노점상 50여 명을 강제 연행했다. 서울 잠실동 잠실주공아파트3단지 새마을시장 앞길에서 벌어진 노점상 일제단속 장면은 다음과 같았다.

"철거반원들과 노점상들이 차도를 사이에 두고 팽팽히 맞서고 있었다. 팔다만 과일·야채들이 사방으로 흩어져 굴러다니고, 곳곳에선 노점상 부녀자들의 비명소리가 들려왔다. "아시안게임이 9월에 있으니 7월 말까지만 하고 자진 철거할 겁니다. 지금껏 국제행사 때마다 그래왔어요." 10년째 이곳에서 노점상을 해왔다는 50대 행상 문 모 씨의 하소연이다. "아시안게임과는 관계없이 주요 간선도로변 노점상 일제단속을 하고 있습니다. 이곳이라고 특별히 봐줄 이유가 없지요" 단속을 지휘한 구청 간부의 말이다. 철거반원들에게 얻어맞아 다친 노점상들이 구급차에 실려간 뒤 분위기가 험악해지자 기세등등하던 철거반원들은 어느새 푸른 모자를 벗어 감추고 하나둘씩 단속 현장을 빠져나가기 시작했다."[10]

이렇게 문헌을 통해 노점상의 집단적 저항에 대해 조금씩 알아 나갔다. 『도시빈민연구』에는 노점상 문제를 다양하게 보여주는 몇 가지 사례가 있는데 책에서 노점상 김순희(79세) 씨는 이렇게 말했다.

"남편을 여의고 서울로 올라와 창신동에서 월세방을 얻어 1남 1녀와 살았어요. 새벽에 경동시장에 나가 야채나 과일 같은 걸 떼어다가 길음역 근처에 펼쳐 놓고 팔았지요. 그런데 부근에 대형 슈퍼마켓이 생기고 장사가 잘되지 않아 도봉산 등산로 입구

---

10   '노점상과 철거반', 중앙일보, 1986. 4. 11.

로 옮겨 다시 소라와 옥수수를 팔기 시작했습니다. 장사를 마치고 인근 시장에 나가 소라를 사다가 집에서 삶아 다음 날 오전 10시쯤 도봉산으로 올라갔지요. 이것도 한철이라 여름에는 소라가 팔리지 않아요. 다른 품목으로 바꾸려고 했지만 적당한 품목도 없고, 장마까지 겹쳐 사다 놓은 물건마저 모두 날려 버리곤 했습니다. 엎친 데 덮친 격으로 단속 때 잘 봐 달라고 노점상끼리 돈을 걷어 구청에서 단속 나온 사람에게 상납하기 일쑤였어요. 왔다 갔다 차비에 점심값을 떼고 나면 손에 들어오는 것은 그야말로 몇 푼 없었어요."

비슷한 시기 37세의 노점상 양복임 씨가 목숨을 끊는 사건이 발생한다. 양복임 씨는 그해 8월 3일 단속을 나온 종로구청 소속 단속 반원과 실랑이를 벌이다 아스팔트에 넘어지면서 뇌를 다쳐 정신병원에 입원했었다. 종로구청은 비인간적인 만행을 저지르고도 아무런 대책 없이 양 씨를 방치했다. 이에 항의하여 종로 노점상 200여 명이 양 씨의 유해가 안치된 서울대병원 영안실에 몰

려가 농성을 벌였다.[11]

단속은 전국 곳곳에서 진행되었다. 대구에서는 칠성
시장 노점상 100여 명이 북구청에 몰려가 계속 장사할
수 있게 해달라며 농성을 벌였고, 부산에서도 노점상
200여 명과 부산 중구청 단속반 30여 명 사이에 치열한
싸움이 있었다. 이 밖에도 서울의 성동구 마장동 우시장
입구 노점상 90여 명이 노점 철거에 항의하며 구청 직원
과 전경 등 100여 명과 충돌, 부상자가 발생하고 12명이
연행되었다. 경찰과 단속반에 의해 폭력적인 진압을 당
하자 노점상은 바리케이드를 치고 빈 병과 돌 등을 던지
며 저항했다.

"경찰서 유치장에 갇혀 있으면 아이들끼리 집을 지키
고 있을 생각에 불안해서 가슴이 미어졌어요. 즉결 처분
을 받고 나와 또 하루 벌어 하루 먹기 위해 길거리로 나
서야 했습니다. 누구에게는 올림픽이 축제였지만 우리
에겐 지옥이었습니다."[12]

---

11   앞의 책, 200~201쪽.

12   이 시기 노점상 단체의 결성을 둘러싼 내용은 『가난의 시대』(동녘, 2012)
     102~121쪽 참조.

김순희 씨는 장사를 하다 경찰서에 연행되거나 유치장에 구류되는 일이 비일비재했다고 이야기한다.

6.
노점상 단체의 결성과
6.13대회

서울 인구는 1983년 920만4,000명을 기록했다. 20년 동안 무려 600만 명이나 늘어난 것이다. 그리고 올림픽을 개최한 1988년 인구 1,028만6,500명이 되어 마침내 인구 1,000만 명이 넘는 거대한 도시로 변모한다.[13] 1980년대 군부독재의 공안 통치가 극에 달하던 시절 국제적인 행사가 많이 추진되었는데 이때가 노점상이 가장 많이 늘어난 시기다. 1985년 IMF(국제통화기금), IBRD(세계은행) 총회를 앞두고 단속이 벌어질 때, 거리에서 내몰리

---

13 '서울 인구 변화사', 한국일보, 2016. 6. 1.

1986년 12월 도시노점상연합회 결성식에서 노점상 양연수(오른쪽)

던 이들에게 한 줄기 빛처럼 다가온 희망은 바로 '왈왈
이' 양연수 씨의 등장이다. '노점상 생존대책위원회'라
는 조직이 만들어졌고, 이듬해 1986년 아시안게임이 끝
나고 12월 29일 '도시노점상연합회'가 출범해 그가 초
대 의장을 맡았다.

"1980년대엔 모든 사람이 독재정권에 항거했어. 나
도 노점상 문제로 감옥생활을 하면서 자연스럽게
젊은 학생들과 어울렸지. 없는 사람은 정말 살기 어

46

려울 때야. 워낙 궁색하게 살다 보니 백도 없고 줄도 없었어. 거리는 항상 데모하는 학생들의 물결로 넘쳐났고. 모순으로 가득 찬 생활에서 가슴속엔 어떻게 하면 더 나은 세상을 만날 수 있을까 하는 생각이 자리 잡고 있었지. 그러다 1980년 초 통일사회당을 찾아가 활동하게 됐고 '사회민주주의 청년연맹'이라는 단체를 만들었어. 항상 정부의 감시를 받으면서 많은 사람이 구속되고 고초를 많이 겪었지.

그런데 전두환 정권에 의해 수많은 사람이 죽어나가고 거리는 항상 집회로 끓어오르는 판에 이곳 사람들의 하루는 논쟁으로 시작해 논쟁으로 끝나는 거야. 그래서 점점 염증을 느끼게 됐어. 그러다 어떤 지식인으로부터 이런 말을 들었어. '당신 출신 계급으로 가시오. 자기 계급을 주체적으로 일구어 내는 것이 운동의 시작이오.' 머리를 탁 치는 느낌이더라고. 처음엔 거리를 돌아다니며 노점상을 만나 설득했지. 하지만 잘 안됐어. 한번은 단속만 하지 말고 우리 문제를 해결하라고 농성할 마음에 시청에 찾아갔어. 로비에 경찰들이 쫙 깔렸더라고. 연행되어 운이 나쁘면 구속되는 시절이라… 포기하고 슬그머니 나오기도 했어."

1988년 올림픽은 많은 사람에게 소중한 사회적 책무로 인식되었다. 학교에서도 올림픽, 직장에서도 올림픽, 앉으나 서나 올림픽이었다. 사람들은 올림픽 일정에 맞춰 일사불란하게 살아야 했다. 정부는 도시미화 사업을 강조했고 외국인에게 더러운 서울의 모습을 보여줘서는 안 된다는 핑계로 단속을 지시했다.

초기 노점상 단체는 친목과 상호부조 그리고 복지 증진을 목적으로 출발했지만, '87년 저항의 시대'에 맞게 진보적으로 성장한다. 1987년 5월 20일 몇몇 사람이 등사기로 제작한 유인물을 들고 서울 곳곳 노점을 돌며 명동성당으로 모일 것을 요청했다. 당시 명동성당은 민주화의 성지였다. 수많은 사람이 서울 시내에서 집회를 벌였고 명동성당 들머리에 모여 마무리하곤 했다. 양연수 씨는 처음엔 사람이 모일까 많이 걱정했는데 성당 계단에 약 100여 명이 꾸역꾸역 모여들었다고 회상한다. 그런데 그 차림새가 영락없이 노점상이라는 것이었다.

"사람들이 모였는데 어떻게 해야 할지 우왕좌왕했어. 도대체가 집회라고는 해본 적이 없었으니까. 그때 어깨너머로 본 게 있는 내가 나서서 일장 연설을 늘어놓은 거야. 사람으로 태어나서 노점상이라는 이유로 짐승 취급받는다고 평소의 맺힌 한을 큰 목소리로 떠들었더니 사람들이 여기저기서 박수를 치더라고. 한번 시작하니까 여기저기서 사람들이 나서서 자기도 단속이 억울하다며 목소리를 보탰어. 그러다 또 누가 나서서 노래를 부르기 시작하대? '나 태어나 이 강산에 무엇이 됐냐~ 우리 가족 먹여 살리려 거리에서 장사한다~' 원래는 양희은이 부른 '늙은 군인'이라는 노랜데 노점상들이 가사를 바꿔서 지금까지 불리게 되었지."

이를 계기로 단체는 점점 성장했다. 이날 집회 후 몇몇 집행부와 양연수 씨가 붙잡혀 구속되었지만, 희생을 발판으로 단체의 결속력은 더 견고해졌다. 이제 수많은 노점상이 1987년 6월 항쟁에 적극적으로 결합하게 된다. 이 시기 종로3가 세운상가 근처에서 노점상을 하다 단체 활동에 뛰어들어 이후 통일운동까지 하게 된 전국노점상연합 2대 의장 노수희 씨는 이렇게 말했다.

"처음에는 별로 내키지 않았고 얼마나 도움이 될까 망설였지. 속는 셈 치고 주변 몇 사람과 단체에 가입했어. 그리고 곧 서로 돕는 삶에 감동한 거야. 단속에 맞서 싸우는 모습을 보며 조직 활동에 눈을 뜨게 되었고. 저녁엔 나도 모르게 단체 사무실로 달려가. 밥도 같이 지어 먹으면서 다른 지역 노점상이 어떻게 돌아가는지 공유하고, 단속 나왔다는 소식을 들으면 어느 곳이든 마다하지 않고 달려갔지. 그리고 서로의 생활을 함께 걱정하며 힘이 되어 주었어. 하루 종일 장사하다 보면 몸은 피곤하고 지쳐도 마음은 언제나 뿌듯하고 활기찼지. 단체가 만들어지기 전에는 호루라기 소리가 들리거나 완장을 찬 사람만 나타나도 허겁지겁 뒷골목으로 도망치기 일쑤였으니까. 매일매일 올림픽이다 뭐다 대로변 장사를 전부 금지시켜 생계가 막막했었지."

거리를 달구었던 시민들의 항쟁은 정부로부터 6.29선언을 끌어내고 우리 사회는 민주화로 한길음 나아간다. 그 영향으로 노점상을 조직하는 데 더욱 유리한 사회적 환경이 조성되어 10월 19일 '전국노점상연합회'로 명칭을 바꾼 후 '노점상 및 영세상인 보호법' 제정을 촉구하는 운동을 전개한다. 그리고 12월에 명동성당에서 '노점상 양성화 촉구대회'를 개최하며 자신들의 문제를 사회화시켜내기 시작했다. 경찰의 원천봉쇄에도 이 대회에 100여 명이 참가했다.

1988년 대통령선거에서 야권이 분열하면서 근소한 표 차로 노태우 씨가 제13대 대통령에 당선되었다. 군사정권은 청산되지 않았으며 곧이어 서울 올림픽이 열려 전 국민이 흥분의 도가니에 빠져들었다. 하지만 한쪽에서는 여전히 군부독재에 맞서 싸우는 학생과 시민들의 집회로 술렁였다. 정권의 정책은 바뀌지 않았고 노점상 숫자를 줄이기 위해 경찰과 방범대원까지 단속에 나섰다. 이때 등장한 말이 '싹쓸이 단속'이다. 많은 노점상이 경범죄로 처벌되거나 벌금을 납부하고, 구청 직원들에게 돈을 상납하거나 갈취당하는 일이 빈번했다. 독재 정권 아래 관료들은 물론 하부조직에 이르는 일반 공무원까지 부패했던 것이다. 노태우 정권은 서울 올림픽 개최를 앞두고 '내무부'를 통해 거리의 쓰레기를 싹쓸이하듯이 단속을 지시했다. 노점상은 더 묵인할 대상이 아닌 명백한 불법이라며 존재해선 안 되는 사람으로 낙인찍었다.

하지만 노점상도 더는 예전의 쫓기고 갈취당하던 사람이 아니었다. 단결하면 싹쓸이 대상에서 벗어날 수 있다는 자신감이 이미 싹터 있었다. 이들은 정책을 앞세워 조직적으로 단속에 대응했다. 1988년 4월 18일엔 '우리도 올림픽의 한 주체가 되어야 한다'라는 취지로 '도시 노점상 생존권과 88올림픽에 관한 공청회'를 열었다. 하지만 노태우 정권은 그해 6월부터 서울지역 손수레 보관소 폐쇄 조치 등 올림픽 성화 봉송 구간에 노점상이 눈에 띄지 않도록 지시했다. 도시노점상연합회로 결집한 이들은 올림픽을 얼마 앞둔 6월 13일 성균관대학교 금잔디 광장에 3,000여 명이 모여 '노점상 생존권 수호

결의대회'를 개최한다. 집회를 마친 상인과 시민, 학생이 합세하여 5,000여 명으로 숫자가 늘었다.

양연수 씨의 증언에 따르면 분노한 시위대가 성균관대 교문을 박차고 시청으로 진출하면서 곧바로 '군부독재 퇴진, 노점상 생존권 쟁취' 구호가 터져 나왔다고 한다. 그러나 이는 전투경찰과 백골단의 진압에 가로막혔다. 노점상 17명이 다쳐 병원에 실려 갔다. 벼랑 끝에 놓인 이들은 6월 16일까지 무려 3일 동안 쉬지 않고 온 힘을 다해 저항했다. 마침 여론도 노점상 생존권 보장에 우호적이었다. 마침내 1988년 8월 4일 서울시는 일시적으로 노점 단속 중단을 결정하고 8월 29일에는 국무총리도 단속 중단을 발표한다. 결국 노태우 정권은 올림픽을 대비한 강경한 단속 방침과 손수레 보관소 폐쇄 계획을 보류하게 된다. 조직되고 단결한 상인들이 최초로 정부를 상대로 승리를 쟁취한 순간이었다.

노점상 단체는 6월 13일을 기념해 지금까지 매년 '노점상 대회'를 개최한다. 이날의 집회를 계기로 노점상 생존권 문제가 사회적으로 부각되면서 민주화운동 진영에서도 하나의 저항세력으로 이들을 주목하기 시작

2022년 청계천에서 자전거를 파는 노점상 양연수

했다. 다른 나라에서 유례를 찾기 어려울 정도로 한국의 노점상은 민주화운동 진영의 후원을 받으며 빈민운동 세력으로 우뚝 서게 되었다.

초창기 노점상 단체가 만들어지고 활동하는 데 양연수 씨의 역할이 매우 컸다. 그는 우선 회원 조직과 선동 능력이 탁월했다. 단속에 직면한 생존권 문제를 사회적인 측면에서 해석하고 선진적인 학생들을 참여시켜 노점상을 조직했다. 그리고 반독재 민주화운동의 흐름 속에서 도시 빈민 운동으로 확대하려는 목적의식이 분명한 사람이었다. 전국으로 회원을 조직하고 확대하여 체계적이고 탄탄한 위상을 갖춘다. 노수희 씨의 증언이 이를 뒷받침한다.

"내가 장사를 시작한 게 86년인가 87년인가. 당시 국제적인 행사 때문에 단속이 심했어. 그런데 어느 날 양연수 씨가 노점상 신문이라며 '가로수'라고 제목이 붙은 신문을 가져왔더라고. '먹고살기 바쁜데 이게 뭐야' 하며 마차에다 던져놨지. 우리 노점상 대부분이 나이 많은 사람들이라 별 할 일 없는 사람이 왔다 갔다고 다들 그랬어. 그때는 파출소 순경, 방범대원, 구청 직원 등이 단속을 했는데, 나중에 우연히 신문을 꺼내 봤더니 아! 눈에 확 들어오더라고. 내가 세상을 헛살았다는 생각이 들었어. 그때 양연수라는 사람이 또 나타나서 그러는 거야. 단속에 맞서 단결해야 한다고. 곰곰이 생각해 보니 그 말이 맞더라고. 그 후로도 이 양반이 나를 집요하게 소위 '의식화'시켰지. 그리고 학생들이 와서 단속을 막아주고 거리에서 데모도 함께 했어. 우리도 88올림픽 때 경희대학교 대 운동장에 모여서 달리기도 하고, 막 손수레를 끌면서 경주도 벌이고 그랬어. '노점상도 올림픽 한다' 해서 언론에서도 크게 다뤘지. 굉장했어!"

노태우 정권은 올림픽을 앞두고 소나기를 피해 가자는 식으로 단속을 유보했지만, 올림픽이 끝난 후 이듬해 4월과 6월 또다시 싹쓸이 단속을 발표한다. 이번에도 상인들은 명동성당에 모여 결의하고 일부가 농성에 돌입했다. 김건식과 고인이 된 김홍겸 등 몇몇 학생운동 출신들이 실무적으로 결합하며 싸우는 방식도 한 단계 성장했다. 명동에서 시청으로 그리고 서울시 전역으로 기습시위와 선전전을 벌이다 대학교로 들어가 대열을 정비하고 학생들과 함께 다시 거리로 나와 시위를 반복했다. '군부독재 타도와 생존권 쟁취'는 하나의 구호가 되었고 상인들 가슴에 깊게 각인되었다. 1989년 명동성당에서 37일간 농성한 결과 정부와 서울시는 '가로 판매대(가판대)' 3,000여 개를 허가해 준다. 현재 거리의 가로 판매대는 대부분 이 시기에 만들어진 것이다. 이때부터 자치단체에서 노점상에게 규율을 강제하는 방식의 '관리정책'이 본격적으로 추진된다.

2장

거리에서 쓰러져간 사람들

사람은 망각의 동물이지만 이에 머물지 않고 과거와 현재를 기록해 미래를 내다본다. 그리고 잘못을 고쳐 악순환을 막기 위해 노력한다. 긍정적인 것은 계승하고 발전시켜 자양분으로 삼는다. 이는 인간의 보편적인 특성이다.

군부 독재체제, 반민중적 수탈에 맞서 하나뿐인 생명을 던진 희생자를 우리는 '열사'라 부른다. 사전적 정의에 따르면 열사는 '의로운 뜻을 가지고 이를 지키기 위해 굳게 싸우다 가신 분'이다. 이들은 고스란히 운동의 역사를 대변한다. 노점상과 장애인의 이야기에도 많은

1989년 10월 이재식 열사의 죽음을 애도하는 노점상들/ 박용수, 민주화운동기념사업회 제공

희생자가 등장한다. 이들의 죽음은 시대의 문제와 떼려야 뗄 수 없다. 하지만 안타깝게도 생존권을 둘러싸고 저항하는 과정에서 희생당한 이들에 대해 사회적 공감은 지금껏 제대로 이뤄지지 못했다. 아마도 이들의 죽음을 개별적이고 우연히 벌어진 사건으로 바라보기 때문이 아닐까? 존재조차 알 수 없던, 알아도 서서히 잊히고 있는 이야기를 들춰내 세상에 내놓는 이유는 추모의 의미를 되새기고 다시 현실을 살펴보기 위해서다.[14]

---

14 〈저기 소리없이 꽃잎 한점 지고〉, 1998년 전국빈민연합 열사추모제.

1.
1989년 거제도 노점상
이재식

1987년 4월 13일 전두환 정권은 국민들의 민주화 요구를 거부하고 모든 개헌 논의를 중단시켰다. 그러자 군부 독재의 장기 집권에 맞서 전국에 개헌 요구가 들불처럼 일어났다. 6월 항쟁은 정권의 '호헌조치'를 끌어내고 이를 통해 5년 단임 대통령제가 마련된다. 신헌법에 따라 국민 직선제로 치러진 제13대 대통령 선거에서 야권 후보는 김영삼과 김대중으로 나뉘어 단일화에 실패했고 '보통 사람들의 위대한 시대'라는 슬로건을 내걸고 출마한 민주정의당 노태우 후보가 당선됐다. 6월 항쟁의 성

공에도 불구하고 1988년 2월 노태우 정부의 제6공화국
이 출범했다.

이러한 정치적 사회적 분위기 속에 노점상 단체는 더
욱 체계적으로 움직이며 단단하게 발전한다. 노점상 희
생자 사례 가운데 단체가 처음 조직적으로 대응한 것이
이재식 열사 사건이다. 그는 1989년 노태우 정권에 "이
몸 불살라 경고한다"라며 분신했다. 거제의 노점상 분신
소식을 접한 양연수 씨는 비록 우리 단체 회원이 아니어
도 고통받는 노점상의 안타까운 현실을 외면할 수 없었
다고 한다. 그는 서울지역 상인들을 이끌고 거제로 내려
가 시신을 서울까지 옮겨 장례를 치른다. 이재식 열사의
딸 이근혜 씨의 말에서 아빠의 죽음에 관한 심정을 엿볼
수 있었다.

> "부산 해동병원에서 내 열 번째 겨울은 시작되었고
> 잊지 못할 기억으로 남았습니다. 어느 날 학교 담임
> 선생님이 말했어요. "조퇴하고 어서 집에 가거라."
> "왜요, 선생님?" "아버지가 몹시 아프시다는구나."
> "우리 아빠 안 아픈데…. 내일 뵙겠습니다!"

집으로 간 저는 엄마가 너무 슬퍼하는 걸 보고 영문도 모른 채 덩달아 울었어요. 그리고 부산으로 갔습니다. 병원 문을 열고 들어서자마자 알 수 없는 두려움에 휩싸였습니다. 병실에 누운, 누군지 알아볼 수 없는 사람을 엄마가 아빠라고 말해줍니다. 저는 믿기지 않아 엄마에게 물었습니다. "왜 아빠가 온몸에 붕대를 감고 있어? 정말 아빠 맞아? 아빠 많이 아픈 거야? 왜? 왜 아픈 건데?"

저는 눈물을 왈칵 쏟아내고 엄마와 함께 병실을 나왔습니다. 그렇게 아빠와 말 한마디 나누지 못하고 89일 동안을 병원에서 보냈어요. 그리고 아빠와 인사도 나누지 못했는데 '열사'의 딸이 되어 버렸습니다. 왜 아빠는 떠나고 나는 열사의 딸이 되어야만 했을까? 아빠를 이해하지 못한 채 저는 살아야 했습니다. 엄마가 왜 최루탄을 마시면서 힘든 싸움을 하는지, 왜 아빠처럼 죽어간 사람들이 많은지 알 수가 없었습니다. 고등학교를 졸업할 때 즈음 아버지의 얼굴이 몹시 그리워졌습니다. 아버지의 얼굴을 떠올리려 애썼지만 떠오르지 않았습니다. 항상 나에 대한 소개는 아버지 이야기로 시작됩니다. 그럴 때마다 생각합니다. 그래, 나는 열사의 딸이지."

철모르던 아이는 자라서 노점상 단체에서 일하며 아빠처럼 희생당하는 사람이 없는 세상을 위해 노력했다. 그 후 그는 이주노동자 인권운동을 하던 네팔 청년 노동자와 결혼해 명동성당 근처에 네팔 음식점 '포탈라 레스토랑'을 열었지만, 재개발로 헐리게 된다. 열사의 딸로 자란 그가 어른이 되어 철거민이라는 운명에 처한 것이다.[15]

사망 당시 이재식 열사는 37세였다. 고향 충북에서 삶터를 찾아 거제로 들어와 성실하게 살았다. 어려운 형편이었지만 가난을 표 내지 않았다. 인간관계도 원만해 주위에 항상 사람이 모였다고 한다. 1985년에 '성홍사'라는 공장에 입사하여 '노동조합 추진위원회'를 만들고 노조 부위원장을 맡아 노동운동을 시작했다. 모두가 기억하듯이 1987년에는 노동자의 저항이 불꽃처럼 타올랐

---

15 "'내 아버지 목숨값, 재개발하면 얼만가요'", 한겨레, 2011. 6. 16.

다. 그해 9월 '한국의장'에 재취업한 이재식 열사는 다음 해인 1988년 5월 노조 결성을 추진했다. 그러나 회사의 조합 활동 감시와 해고 위협으로 현장 노동자 생활을 정리할 수밖에 없었다. 그 후엔 창간한 지 얼마 되지 않은 한겨레신문 거제지국 총무를 지내며 새벽에 신문을 배달했다. 낮에는 노점상으로 생계를 이었다. 바쁜 와중에도 대우조선 노동자 파업에 농성을 지원했다. 그는 노동운동가이자 빈민운동가였다. 하지만 수십만 원 밑천을 들여 차린 손수레는 몇 푼 모아보지도 못한 채 뒤집히기 일쑤였다. 1989년 10월 16일 신현읍 개발과장을 반장으로 한 거제시 단속반이 농촌지도소 앞 호떡 손수레를 끌고 가버렸다. 부인 황규남 씨는 이렇게 말했다.

"빼앗긴 마차를 돌려 달라고 호소했습니다. 손수레를 뺏긴 분노도 컸지만 가족의 생계를 책임지지 못하고 유린당하는 슬픔, 그것은 당해보지 못한 사람은 모릅니다. 밀가루 반죽을 오토바이에 싣고 온 남편도 함께 통사정했습니다. 읍장은 뒤늦게 나타나 콧방귀만 뀌며 비웃었습니다."

황규남 씨에 따르면 남편의 얼굴은 이미 백지장처럼 하얗게 질려 산송장 같았다고 한다. 말없이 사라졌던 남편은 오후 12시 40분경 휘발유를 담은 사이다병을 들고 나타났다. 그리곤 휘발유를 몸에 끼얹었고 자신의 몸에 불을 댕겼다. 신현읍사무소 직원들이 멍하니 보는 사이 3도에 이르는 치명적인 화상을 입었다. 거제 기독병원, 마산 고려병원, 부산대병원 등을 찾아갔으나 모두 회생할 가능성이 없다고 판단해 진료를 포기한다. 이재식 씨가 남긴 유서에는 "이 몸 불살라 노태우 정권에 경고한다"라고 적혀 있었다.

1988년 당시 노점상 단체 회원이었던 소순관 씨는 "누구든 손끝을 조금이라도 데이면 그 상처의 고통은 이루 말할 수 없이 크게 느껴질 것이다. 노점상들은 이재식 씨의 분신을 곧 자신의 문제처럼 느꼈다"라고 말했다. 두 달 가까이 영도의 해동병원에서 생사를 헤매던 이재식 열사는 12월 11일 새벽 마침내 운명한다. 소순관 씨에 따르면 일면식도 없던 노점상들이 전국에서 소식을 듣고 몰려들었다고 한다. 이 사건을 계기로 노점상 단체가 적극적으로 나서고 노점상들은 자신의 문제를 사회구조적인 문제로 인식하게 된 것이다.

아빠의 죽음을 경험하고 세상을 일찍 알아버린 이근혜 씨는 어른이 되자 세상 앞에 당당히 섰다. 아버지와 같은 길을 가는 운동가가 되어 광화문에서, 종묘에서, 거리 곳곳에서 집회에 참여했다. 저항하는 이들과 함께 있으면 마음속 깊이 일렁이는 어떤 힘을 느꼈다고 한다. 많은 사람과 어깨를 나란히 하고 함께 걸으면 어느덧 마음은 바다가 되고 성난 파도가 되었다. 한 노점상의 죽음은 개인의 비극에 그치지 않고 그의 자녀가 아버지처럼 희생당한 사람들 그리고 가난한 사람들을 위해 활동하게 만들었다.

지금도 이재식 열사의 기일이 다가오면 애도의 시간을 갖는다. 많은 사람의 가슴에 열사로 남는 순간이다. 무엇보다 당시 노점상 운동을 이끌던 단체 집행부가 생존권을 단순히 자신의 삶을 지키는 데에 그치지 않고 멀리 거제 노점상의 희생을 자신의 문제로 바라봤다는 점이 돋보인다. 그리고 이를 적극 사회에 알리고자 노력했다. 이러한 저항의 과정에서 선두에 선 양연수 씨는 매우 큰 역할을 했다.

2.

1995년 서초구
장애인 노점상 최정환

1980년대까지 완만한 증가세를 보인 서울의 인구는 1992년 1,096만9,800명으로 정점을 찍는다. 그러다 1993년에 1,092만5,400명을 기록하며 6.25전쟁 이후 처음 인구가 감소한다.[16] 1990년대 들어 노점상과 관련해 주목할 만한 사건은 노태우 정부가 '민생 치안 확립'이라는 명분으로 헌법이 부여한 대통령의 권한을 총동원해 '범죄와의 전쟁'을 벌인 것이다.

16 '서울 인구 변화사', 한국일보, 2016. 6. 1.

1995년 연세대에서 개최된 최정환 열사 장례식/ 경향신문

　범죄와의 전쟁으로 범죄 발생률이 많이 감소하고 조
직폭력 단체의 활동이 크게 줄었다는 언론의 긍정적 평
가가 있었지만, 실제로는 정권의 정통성을 얻기 위해 강
력 범죄라는 절대악을 상정해 놓고 폭압 정치를 정당화
했다는 주장도 있다. 당시 대한변호사협회는 "범죄 예방
을 빙자해 선량한 시민이 부당하게 자유를 억압당하거

나 범인을 검거한다는 구실 하에 폭행, 고문 등이 다시 고개를 들고 있다"라고 성명을 내기도 했다.

노태우 정권의 대표적인 폭압 정치에 희생당한 사람 가운데 사례로 강경대 열사가 있다. 1991년 봄, 명지대 학생 강경대 씨가 시위 진압 중이던 백골단이 휘두른 쇠 파이프에 맞아 사망한 사건이다. 이 밖에도 정부는 사회 적으로 불법과 무질서 그리고 과소비와 투기 또는 퇴폐 와 향락을 근절하겠다며 노점상도 '민생침해사범'으로 규정했다. 그리고 이를 도려내겠다며 단속을 일삼았다. 범죄와의 전쟁으로 범죄에 대한 불안감이 줄어드는 효 과는 있었지만, 사회안전망과 복지정책 등이 준비되지 않은 상황에서 범죄 예방 정책의 성공은 낮을 수밖에 없 었다. 문제는 전두환 정부 때와 마찬가지로 여전히 폭압 적이었고, 이 과정에서 노점상의 생존권과 기본권은 심 각하게 침해당했다.

1993년 군부 출신이 아닌 김영삼 씨가 대통령에 당선 되며 정치적 변화가 생긴다. 그리고 2년 후 전국동시지 방선거로 자치단체장과 지방의원을 뽑게 된다. 정치인들은 민생정치를 강조하면서 전통시장과 노점상을 찾아 자신이 얼마나 친근하고 서민적인 존재인지 선전했지만 노점상은 행정의 공백에 따라 묵인되거나 매도당했다. 이때 주목할 부분은 노점 단속이 중앙정부에서 자치단체로 그리고 공무원의 직접 단속에서 용역을 동원한 단속으로 바뀌었다는 점이다. 노점상에 대한 단속 권한을 민간으로 이양하자 범죄와의 전쟁으로 철퇴를 맞은 폭력조직들은 합법적인 은신처로 용역경비 민간 업체를 설립했다. 재개발 지역에서는 합동 재개발 사업을 추진하면서 본격적으로 철거용역이 거리를 활보하기 시작했다.

한편, 서울시는 사회운동의 열기를 이어받아 조직된 노점상의 저항이 심해지자 대책으로 '절대 금지구역'과 '상대 금지구역'을 지정하기에 이른다. 주요 역세권을 중심으로 장사를 할 수 없으나 이면 도로에서는 묵인한다는 내용과 '가로 판매대 사업'을 확대 추진한다는 것이다. 융자 500만 원으로 전업을 알선하고 젊은 사람을 중심으로 기술교육을 한다는 내용도 발표되었다. 이러한 정책의 실상은 노점상에게 특화된 대책이라기보다 기존의 실업 대책을 노점상에 응용한 것에 불과했다. 이 밖에도 구두닦이 부스와 버스 토큰과 신문을 팔던 가판대 1,016곳을 추가로 허용했고, 풍물시장 설립과 함께 전국 100여 곳의 시영아파트 지하상가 입주권을 추진한다는 방침도 이 시기에 나온다.

또 주목할 부분은 1990년대 초 높은 경제성장률에 따른 고용 안정으로 노점상이 점차 감소했다는 점이다. 이러한 경제적 배경 아래 이들을 체재 내화할 개량 정책이 모색되었다. 그러나 노점상을 지하상가에 입주시켜주겠다는 약속은 유야무야되었고, 서울의 방배동과 오류동 등지에 개설한 풍물시장은 새로운 아파트 단지가 들어서면서 10년도 안 되어 모두 사라졌다. 이주 대책 사업이 임시방편에 불과했음을 알 수 있다. 1988년에서 1993년까지 단속으로 3만339개의 노점상 강제 철거, 이 중 5,662개의 손수레와 물품 파손이 발생했고, 이로 인한 재산 피해액은 45억6,449만 원으로 집계되었다.[17] 노점상은 스스로 질서를 지킨다는 취지로 맞섰다. 당시 동

---

17 〈14대 대통령선거 도시빈민은 무엇을 할 것인가?〉, 전국빈민연합, 1993.

네주민들 가운데 자원봉사자 중심의 민간인으로 조직되기 시작한 '자율방범대'처럼 '자율 질서' 사업을 전면에 걸고 마차 규격화 사업과 거리환경 개선 사업을 자체적으로 추진하게 된다.

1993년 김영삼 씨는 노태우의 민주정의당, 김종필의 신민주공화당과 3당 합당을 이뤄 14대 대통령으로 집권한다. 문민정부라고 불리던 김영삼 정부는 임기 초 군사조직 하나회를 척결하며 군부독재와 거리를 두고 금융실명제 실시 등을 통해 개혁 정책을 추진한다. 그러나 세계 경제가 WTO(세계무역기구) 체제로 재편되면서 개방화 물결이 전 세계를 강타했다. 보수적인 정책으로 돌아선 김영삼 정부가 1994년 북한 김일성 주석 사망 이후 진보적인 운동권을 탄압하기 시작하며 '공안 정국'이 몰아친다.

1995년 3월, 봄이라고 하기엔 아직 서늘한 날씨였다. 당시 국가보안법으로 구속되었다가 출소해 청년 단체 의장을 맡고 있던 나는 노점상 단체로부터 걸려온 전화를 받았다. 강남에서 노점상이 분신했다는 소식이었다. 부랴부랴 같은 단체 회원 김종상 씨와 함께 삼성동 강남시립병원으로 달려갔다. 장례식장에는 장애인 단체 김종환 씨 등 낯익은 얼굴들이 침통한 표정으로 자리를 지키고 있었다. 누군가 분신한 최정환 씨의 이력을 대자보에 적어 병원 담벼락에 붙여 놓았다. 그는 1급 1호의 중증 장애인이었다.[18] 나는 이때부터 장애인 문제에 관심을 갖기 시작했다. 동료 장애인이 들려준 이야기에 따르면 그는 어려서 척수 장애를 이유로 부모에게 버림받고 보육원과 '애덕의 집' 등 장애인 시설을 전전했다고 한다.

"1985년에 어렵사리 아버지를 찾았다고 해요. 하지만 아버지도 외면합니다. 호적에 존재하는 아버지 때문에 생활보호대상자 선정조차 되지 못했어요. 한 번도 서글픈데 두 번씩이나 버림받았습니다. 먹고는 살아야 하기에 달리 선택의 방법이 없었어요. 작은 리어카에 의지해 길거리에서 껌을 팔고 수세미나 고무줄 같은 것도 팔았습니다. 엎친 데 덮쳐

18 '장애인 노점상, 최정환',《월간 참여사회》, 참여연대, 2017. 8. 28.

교통사고마저 당해 사경을 헤매기도 했고요. 세상은 지독하게 그에게 관대하지 않았습니다."

1994년부터는 서초구 방배역 근처에서 오토바이에 가판을 달고 테이프 노점상을 시작해 근근이 생계를 유지했으나 서초구청은 그를 내버려 두지 않았다. 1994년 6월 불시에 들이닥친 단속으로 한쪽 다리마저 부러지고 말았다. 삶은 단속으로 깨져나가기 일쑤였다. 포기하지 않고 생계를 계속 꾸렸지만 1995년 3월 8일 서초구청의 단속에 스피커와 배터리 통을 빼앗기고 말았다. 그는 구청에 찾아가 담당자를 면담한 후 물품을 되찾으려 했으나 거부당하고 돌아와야 했다. 눈앞이 캄캄해지고 막막함에 분노가 몰려왔다. 서초구청 앞에 다시 선 그는 9시 45분경 지니고 있던 시너를 몸에 붓고 불을 붙였다. 얼굴 3도 화상과 온몸 88%의 중화상을 입고 강남시립병원 응급실로 옮겨졌다. 화상의 고통은 지옥을 오가는 격이었을 것이다. 중환자실에서 치료를 받던 중 "400만 장애인을 위해서라면 내 한목숨 죽어도 좋다. 복수해 달라"라는 말을 남기고 3월 21일 세상을 떠난다. 분신 13

일 만에 노점상 장애인은 고달픈 삶을 마감했다.

그가 숨을 거두자 노점상 단체와 장애인 단체가 주도해 비상대책위원회를 만들었다. 이에 막 건설된 노동자들의 전국조직 '민주노총'을 비롯해 대중조직과 사회단체들이 합류했다. 경기도 부천 등에서 벌어진 노점상 단속에 항의하다 구속되어 형을 살던 양연수 씨도 출소하는 길로 영안실에 달려왔다. 비상대책위원회는 성균관대에서 규탄대회를 열었고 장애인과 상인이 학생들과 연대해 거리로 나가려 했다. 경찰이 이를 저지하며 돌과 화염병까지 등장하는 치열한 싸움이 벌어졌다. 서울 시내 곳곳에서 학생들도 김영삼 정부 규탄 시위를 벌였다. 강남시립병원 주변에서도 경찰과 대치 상태가 이어졌고 전투경찰과의 투석전이 벌어졌다. 시신 탈취를 막기 위해 노점상 단체 김정영 씨가 사수대장을 맡아 학생들과 젊은 노점상들이 병원을 지켰다.

비상대책위원회는 '장애인 노점상 최정환 열사 빈민장례위원회'로 전환하고 연세대학교 노천극장에서 장례를 치르게 된다. 25일 새벽 2시 35분께 공권력이 병원으로 들어올지도 모른다는 정보를 입수한 학생들과 노점상 청년들은 병원 주변에서 각목을 들고 뜬눈으로 밤을 새웠다. 장례위원회는 새벽에 시신을 장례식 장소로 이동시키려 했지만 한차례 저지당한다. 그리고 다시 장애인 노점상 150여 명이 빈민장이 열릴 예정이던 연세대로 가기 위해 시신을 1톤 트럭에 싣고 병원을 나왔지만, 경찰의 불심검문에 시신을 빼앗긴다. 경찰은 장례를 불허하고 영안실을 봉쇄했다. 이에 사수대는 서초구청으로 몰려가 주차되어 있던 구청 차량을 불태우고, 강남경찰서 앞에서 주검 반환을 요구하며 격렬한 시위를 벌였다. 오전 7시 30분께가 되자 경찰에 회유당한 시신 인도자인 홍남호(당시 44세) 씨가 경찰에 "빈민장의 영결식과 노제를 포기한다"라는 각서를 써주고 말았다. 분노한 장애인들은 한강 다리 위에서 격렬한 차량 시위를 벌였다.

같은 시간 연세대 노천극장에서는 수많은 시위대열이 열사의 시신을 기다리고 있었다. 결국 시신 없이 영정과 만장을 앞세운 채 장례를 치러야 했다. 영결식 대오가 정문에서 원천 봉쇄되자 2,000여 명(경찰 추산)의 시위대가 도심으로 진출하기 위해 각목으로 무장한 채 나섰고,

화염병을 던지는 격렬한 시위가 날이 어두워질 때까지 계속됐다.

세월이 흐른 2011년 3월, 당시 함께 장례를 치렀던 '전국장애인차별철폐연대' 김종완 씨로부터 연락이 왔다. 최정환 열사 묘역이 발견된 것 같다는 소식이었다. 매년 봄이 되면 다들 최정환 열사를 입에 떠올렸지만, 경찰에 회유당한 홍남호 씨 때문에 정작 그가 어디에 묻혀 있는지 모르고 있었다. 그런데 세월이 흐른 후 장애인 단체 사람들이 찾아낸 것이다. 그는 경기도에 있는 천주교용인공원 묘원에 조용히 묻혀 있었다. 오래전 싸움에 함께 했던 사람이 현장에 하나둘 모여들었다. 도로 옆 그의 무덤에 무성히 자란 나무 덩굴이 그늘을 만들어 주고 있었다.

김영삼 정권은 세계화 시대를 맞아 성장주의에서 탈피해 삶의 질을 높이는 방안에 관심을 기울이고 복지정책을 확대해야 한다고 했다. 하지만 임기 중반 '한보 비리 사건'이 터지고 아들 김현철 씨의 구속, 노동법 날치기 등으로 지지율이 바닥을 친다. 세계화 원년으로 정한 1995년에는 금융을 개방하고 기업의 단기 차입 한도를 확대했다. 이는 1997년 IMF 구제금융 사태의 주요 원인 가운데 하나였다. IMF 사태는 한국 사회 전반에 심각한 영향을 미쳤다. 신자유주의 정책과 한미FTA 협상을 통한 자유화 조치는 경제를 더욱 수렁으로 밀어 넣었다. 기업의 노동 유연화 정책이 지속되고 비정규직 노동자와 더불어 급격히 증가한 실업자 대열은 전국적으로 노점상이 폭발적으로 늘어나는 원인이 되었다. '신빈곤층'이라는 단어가 등장한 것도 1990년대 후반부터다.

'가난'과 '장애'라고 하면 떠오르는 건 동정, 봉사, 그리고 영웅담이었다. 이들이 얼마나 살기 어렵고 비참한지 눈물샘을 자극하는 이야기로, 이는 가난과 장애인을 위해 봉사하는 아름다운 이웃의 미담으로 이어졌다. 문제를 어떻게 해결할 것인가보다 '힘들어도 아직 세상은 살만한 곳'이라거나 '가난과 장애 문제는 불굴의 투지로 극복하자'는 식이 되었다. 하지만 개인의 문제를 넘어서지 못하는 시혜와 동정, 봉사는 가난과 장애를 바라보는 오래된 관습일 뿐이며 문제 해결을 오히려 더디게 한다. 최정환 열사가 돌아가신 시절, '장애인고용촉진법'에 300인 이상 기업체는 장애인을 의무적으로 2% 이상

고용하게 되어 있었다. 대부분의 기업이 장애인을 고용하지 않고 벌금을 선택해, 이 법 시행 2년 만에 거둬들인 벌금이 400억 원에 달했다. 당시 전경련과 경총 등이 장애인 의무 고용 비율을 2%에서 1%로 하향 조정하기 위해 움직였지만 장애인 활동가들의 단식 농성으로 철회하기도 했다.[19]

최정환 열사의 죽음은 역설적으로 장애인과 노점상의 의지를 되살렸다. 이들은 동료의 희생을 통해 성장했고 열사의 죽음은 노점상과 장애인, 빈민운동에 커다란 영향을 끼치게 된다. 죽음을 목격한 이들은 차별과 배제 없는 평등한 세상을 만들어 나가기 위해, 그리고 정부가 시혜적으로 내놓은 정책을 혁신적으로 바꾸기 위해 각자의 영역에서 본격으로 싸워나간다. 그를 기억하는 이들은 3월이 되면 '삶에 대한 희망으로 끈질기게 쏘아 올렸던 작은 공'이 모질게 캄캄한 허공을 가로질렀다고 한 목소리로 이야기한다.[20]

---

19 '그해 95년, 최정환과 이덕인', 비마이너, 2011. 11. 22.

20 장애인들은 그 후 전국장애인차별철폐연대(sadd.or.kr/index)를 결성해 현재에 이른다.

3.
1995년 인천 아암도
장애인 노점상 이덕인

아암도를 아는 사람이 얼마나 될까? 이곳은 매립 이전
엔 송도유원지 후문에서 500여 미터 떨어진 작은 섬이
었고 개펄 위엔 겨우 두 사람이 지날 수 있는 돌다리가
듬성듬성 놓여 있었다. 멀리서 바라보면 소나무를 이고
있는 모습이 한 폭의 그림 같았고, 바닷물이 빠지면 돌
다리 길이 열려 송도유원지를 찾은 시민들이 줄지어 아
암도로 향하곤 했다. 사람들은 작은 섬에 올라앉아 바다
의 정취를 만끽했다. 그러나 면적 1,832평에 불과한 이
바위섬은 인천시가 발간한 안내 책자에조차 소개되지
않았다. 이곳이 고향인 사람들은 아암도를 '똥섬'이라고

불렀다. 사람들의 기억 속에서 사라진 작은 섬, 그 섬에
서 유명을 달리한 한 젊은 장애인 노점상이 있었다. 그
의 이름은 이덕인(당시 29세)이다.

1995년 11월 28일 몹시도 추운 겨울날 탑골공원에서
조정래 작가 노벨문학상 추천 발대식 및 서명대회가 열
렸다.[21] 양연수 씨가 추진한 이 행사에 조정래 작가와 출
판사 관계자가 참석했고, 행사를 마친 우리는 근처 식당
에서 허기진 배를 채우고 있었다. 당시 인천 아암도에
망루를 세우고 농성 중인 사람들이 걱정되어 모두 아무
말 없이 고개를 숙이고 조용히 밥을 먹고 있었다. 노점
상 단체의 여성 부의장 유희 씨의 입담으로 분위기가 다
소 좋아졌다.

"정말 누구 하나 죽어 나가야지 이 싸움이 끝날 거야."

"그런 소리 하지 마. 말이 씨가 되지."

"삐삐 왔네, 확인하고 올게."

"뭐라고? 누가 죽었다고?"

인천 연수구의 아암도 앞바다에서 한 구의 변사체가

---

21 '작가 조정래씨 노벨문학상 추천 발대식', 중앙일보, 1995. 11. 30.

발견되었다. 망루에서 내려간 뒤 행방불명되었던 그는 상반신이 벗겨진 채 온몸에 밧줄이 감겨 아암도 근처 갯벌 위로 떠올랐다. 양연수 씨와 단체 회원들은 인천으로 달려가 곧바로 '장애인 노점상 고 이덕인 열사 사인 진상 규명과 책임자 처벌 및 빈민 생존권 쟁취를 위한 비상대책위원회(이하 대책위)'를 꾸려 사인 규명에 나섰다.[22]

1995년 최정환 열사 장례식이 끝나고 장애인과 노점상은 양연수 씨의 주도로 '장애인 자립 추진위원회'를 결성했다. 직업을 얻지 못한 이들과 노점상, 그리고 장애인이 모여 새로운 생계 터전을 일구자는 계획이었다. 하지만 좋은 의도가 반드시 좋은 결과를 낳지는 않는다. 양연수 씨의 리더십은 지나치게 결과에 치중했다. 당시 노점상 단체 중앙에서 상근하던 나에게 노점상 회원들의 불만 전화가 자주 걸려왔다. 집회를 열면 지나치게

---

22 1996년 이덕인 열사의 사인 규명을 위해 제작한 자료집 《핏빛 아암도》와 『누리하제』(노나메기, 2004)에 실은 글을 재구성했다.

장애인을 전면에 내세워 이들을 이용한다는 것이다. 양연수 씨도 오랜 자신의 경험과 판단을 사람들이 이해하지 않고 잘 따르지 않는다는 나름대로의 불만이 있었다. 서서히 장애인과 노점상 간의 동지애에 금이 가기 시작했다. 강력한 카리스마를 바탕으로 대중을 이끌기보다 시간이 걸리더라도 신중한 소통이 요구되는 시점이었다. 목적을 쫓다 보면 과정을 놓치고 그렇게 놓치는 과정은 결국 목적을 뒤집어버리는데 양연수 씨의 경우가 꼭 그랬다. 이때부터 나와도 다툼이 잦아졌다.

한편, 장애인과 노점상은 장애인 자립 추진위원회를 중심으로 힘을 합쳐 눈물겹게 노력하며 장사 터전을 닦아 나갔다. 청계천 9가 왕십리 방향으로 노점상과 장애인 노점상이 늘자 이를 예의 주시하던 구청이 본격적으로 단속을 전개했다. 이로 인해 청계천에서만 장애인 자립 추진위원회 소속 5명의 장애인과 노점상이 집회 시위와 관련된 법률 위반으로 구속되었다. 이와 별개로 양연수 씨와 장애인 자립 추진위원회는 그해 여름부터 인천 아암도에 좌판을 설치하고 새로 장사를 시작했다. 당시 인천시는 갯벌의 망둥이와 게를 볼 수 있는 바닷가인

·이곳에 주목했다. 시민에게 사랑받았던 아암도 주변에 송도유원지 공유수면 매립공사를 진행하면서 일대를 3개 지구로 나눠 56만4,000평을 메운다. 바로 앞 갯벌까지 송도3지구 매립공사가 완료되면서 아암도는 해안선 백사장에서 돌출한 형태의 작은 언덕이 되었다. 그리고 1994년 7월 폭 40m의 해안도로가 뚫리자 바닷가를 바라보며 술과 생선회를 즐길 수 있는 장소로 변신했다.

최정환 열사 장례식 후 장애인 자립 추진위원회가 만들어졌을 때 이덕인 열사를 처음 만났다. 청계천 장애인 자립 추진위원회 사건으로 구속되었다가 출소한 김종상 씨와 함께 인천 장애인 자립 추진위원회 사람들을 만나는 자리였다. 이덕인 열사는 나보다 한 살 어렸지만, 턱수염을 길렀고 과묵해서 처음엔 나이가 많거니 생각했다. 그도 키가 작은 날 보고 자기보다 서너 살 어린 줄 알았다고 했다. "한 살 많으니 내가 형이네" 했더니 너털웃음을 지으며 "네, 마음대로 하십시오" 한다. 그는 첫 만남부터 시원시원했다. 강해 보이는 인상 속에 맑은 눈을 가진 이였다. 어디서든 눈에 띄었다. 정열적으로 활동했기에 눈에 밟혔는지 모른다. 집회 때는 앞에서 구호를 외치거나 깃발을 쥔 모습이었고 목소리가 컸으며 웃음이 많았다. 그의 일기에는 가족 이야기와 자신의 고민이 담겨 있었다.

"나는 어려서부터 배우지 못했다. 부모님의 가난과 장애인이라는 편견은 나를 수줍음이 많고 내성적인 아이로 자라게 했다. 하지만 성인이 된 지금 이 사회에서 당당하게 버텨 나가기 위해서는 이제부터 강해져야 한다. 세상이 비록 우리를 어렵고 힘들게 할지라도. 고생하시는 우리 어머니를 위해, 그리고 미래의 나 자신을 위해서라도 약해지면 안 된다. 공부를 잘하고 싶다. 지금 이 어려움을 극복하기 위해서는 열심히 공부해야만 한다. 지식이 많은 사람은 세상이 함부로 대하지 못하니까."

1995년 3월 인천시와 군부대는 용현 갯골수로에서 아암도까지 설치된 군 철책선을 철거한다는 합의 각서를 체결한다. 시는 같은 해 6월 아암도를 중심으로 400여 미터 구간의 철책선을 철거했다. 그리고 아암도를 하와

이 와이키키형 관광위락단지로 조성한다는 계획에 따라 일대에 모래를 부어 인공 백사장을 꾸미기도 했다. 하지만 이는 터무니없는 계획이었다. 얼마 안 가 모래는 바닷물에 휩쓸려 다 사라졌다. 예산만 낭비한 것이다. 더욱이 공사를 맡은 건설회사와 이권 문제가 흘러나오기도 했다. 그리고 인천시는 철책선 철거 후 새로 발생한 노점상 문제에 아무런 대책과 대안을 수립하지 않고 공권력과 철거 용역반원들을 투입하여 무리하게 철거를 강행했다. 기획 단계부터 과욕이 앞섰던 이 모든 과정에 금전적 손실뿐만 아니라 행정력 낭비로 막대한 피해가 발생했다. 그리고 아암도는 노점상 철거뿐만 아니라 여러 문제와 의혹이 표면에 드러나며 인천시의 뜨거운 감자가 되어버렸다.

아암도 노점상에게 가장 큰 문제는 인천시와 연수구청의 단속이었다. 그들은 도로를 만들고 바다를 메웠지만, 노점상이 자연 경관을 훼손한다는 이유로 장사를 허가하지 않았다. 조직폭력배와의 싸움 또한 만만치 않았다. 1995년 9월 지역 폭력조직인 '꼴망파'가 상권에 개입해 장사를 방해하기 시작했다. 이들과의 실랑이로 하루도 편할 날이 없었다. 총무국장을 맡고 있던 이덕인은 장애인이지만 상대적으로 나이가 젊었기에 폭력배들과의 충돌에서도 앞장설 수밖에 없었다. 그는 불편한 몸으로 금품을 갈취하려는 건달과 맞섰다. 한번은 꼴망파 행동대원들이 아암도 장사 현장에 들이닥쳐 노점 마차와 포장을 걷어치우기 시작했는데, 이덕인은 끝까지 이들과 맞붙어 싸워 돌려보냈다. 끈질긴 저항에 기가 질렸는지 폭력배들도 그가 버티고 있으면 함부로 접근하지 못했다.

그해 10월 나는 '인천 새날 청년회' 회원과 함께 아암도를 방문했다. 인천시는 노점상에 대한 행정 대집행을 계획하고 있어서 노점상들은 이에 대응할 망루를 만들자고 하던 중이었다. 울산 현대중공업 노동자들이 거대한 크레인에 올라 농성한 것을 '골리앗 투쟁'이라 일컬었는데, 이를 본떠 철거민들도 개발 지역의 버려진 자재와 철근으로 망루를 만들어 세웠다. 곧이어 노점상도 용역의 단속에 맞서 망루를 방어 수단으로 삼았다. 그러나 이 과정에서 많은 도시빈민이 목숨을 잃는 등 저항 방식이 매우 격렬하고 위험했다.

그날은 늦가을 날씨답지 않게 더웠다. 이덕인과 나는 마침 갯벌까지 차오르는 바다를 바라보며 조개구이에 소주를 마시며 이야기했다.

"망루를 세우기로 했다면서?"

"아직은 판단이 잘 서지 않아."

"사람들 의견은 어떤데?"

"여긴 시내와 동떨어진 해안가잖아. 농성자들이 망루 안에 고립될 수도 있지. 그리고 사람들의 왕래도 많지 않아서 과연 선전 효과가 있을지 모르겠어."

이덕인은 망루를 세워 단속에 맞서는 것에 고민이 많았다. 반면 양연수 씨는 망루를 세워 결사적으로 싸워야 한다는 입장이었다. 이덕인은 회의에서 결정된 일이라면 따라야 하지 않겠냐며 술 한 잔을 털어 넣었다. 때마침 노을이 붉게 물들었고, 그 노을을 받아서인지 술기운 때문인지 이덕인의 얼굴도 붉게 타올랐다. 그의 모습을 마지막으로 본 날이었다.

인천 장애인 자립 추진위원회는 저들의 강제 철거를 쉽게 막을 수 없다는 걸 알고 고심 끝에 1995년 10월경 약 10m의 망루를 건설하기로 결의를 모았다. 언제 공권력이 밀려올지 모르는 긴장된 상황에서 겨울을 맞이했다.

11월 24일 새벽 4시 30분경 추워진 날씨를 이기기 위해 농성자들이 피워놓은 장작더미가 거의 타들어가 재로 변할 즈음 시청과 구청 동태를 살피던 회원에게 연락이 왔다. 포클레인과 전경 버스 30대, 철거 용역 깡패들을 태운 관광버스 4대가 연수구 일대를 돌고 있다는 것이었다. 장애인과 노점상 40여 명은 즉시 총회를 열고 망루에 올라가 저항하기로 결정했다. 노점상 25명은 망루에 올라가 대기하고 나머지 20명은 아암도 주차장에서 상황을 보며 철거에 대응할 계획이었다. 새벽 6시, 경찰의 작전 명령이 떨어지자 경찰차 8대가 현장에 도착했다. 곧이어 90년대 재개발 철거 현장에서 악명을 떨치던 무창용역 소속 철거 용역 깡패 300명이 푸른 청재킷을 입고 나타났다. 구청 직원 50여 명, 타이탄 트럭 15대, 덤프트럭 5대, 포클레인 3대, 물대포용 소방차 3대가 아암도에 속속 도착했다. 한 시간 후 아암도 현장의 철거 병력은 총 1,400명이었다.

아침 7시, 어둠이 막 걷히고 인천 앞바다는 서서히 푸른빛의 제 모습을 비추기 시작했다. 그날따라 바람은 미친 듯이 불었다. 육지와 바다로 이어지는 어통소 쪽 노점 설치물을 향해 포클레인이 움직이기 시작했다. 포클레인은 새벽의 정적을 가르며 포장마차와 좌판을 하나둘씩 찍어 눌렀다. 상인들의 생계수단은 조각조각 뜯겨아스팔트 위에 맥없이 허물어졌다. 접근이 차단된 주차장 근처 가족들은 발을 동동 굴러야 했다. 사람들은 손쓸 틈도 없이 철거되는 망루와 좌판을 바라보며 울부짖었다.

소방차가 망루 위로 물대포를 마구 쏘아대자 한겨울 바닷바람에 힘이 실려 망루 상층이 흔들렸다. 눈조차 뜨지 못할 정도로 차가운 물을 온몸으로 맞으며 저항했지만, 활동이 자유롭지 못한 장애인과 노약자에게 물대포는 살인 병기나 마찬가지였다. 물대포 쏘기가 끝나자 포장마차와 좌판을 철거하던 포클레인이 망루 지지대를 찍었다. 높이 10m 가량의 망루가 좌우로 흔들렸다. 포클레인이 계속 지지대를 흔들어대자 망루는 조금씩 기울었다. 농성자들은 극도의 위협을 느끼며 죽음의 공포와 싸웠다. 극한에 몰린 망루 위 농성자들이 인분과 화염병을 망루 아래로 던졌으나 이는 위력을 발휘하지 못했다. 그들이 마지막으로 할 수 있는 것이라곤 각종 집기, 심지어 무와 감자 등의 식료품을 던지며 필사적으로 저항하는 것이었다.

1시간 남짓 흐르자 아암도에 설치된 마차 2개를 제외한 철거가 완료되었다. 오전 8시 30분경 사다리가 달린 소방차가 망루에 도착했다. 경찰은 농성자들을 향해 해산하라는 방송을 계속했다. 대치 상태에서 긴장된 시간이 흘렀다. 철거 진행과 중단을 반복하던 오후 4시, 잠시 조용해진 듯싶더니 동시에 3단의 원형 철조망을 망루 주변에 설치하기 시작했다. 망루 농성자들은 완전히 고립됐다.

싸움은 밖에서도 이루어졌다. 근처에 있던 한동열의 형 한동일 씨와 이석근의 형 이회근 씨가 동생 신변을 확인하려 1톤 트럭을 타고 망루로 접근하다 주차장 차도에서 용역 철거반 20여 명에 의해 발견되었다. 서슬 퍼런 철거반들은 이들마저 가만 놔두지 않았다. "저 새끼들도 한통속이다"라며 달려들어 집중적으로 구타하고 끌어냈다. 현장을 지켜보던 경찰은 이를 외면했다.

분노를 참지 못한 가족 50여 명은 오후 3시경 인천시청을 찾아가 울부짖었다. 담당자 면담을 주선하겠다던 시청은 전경을 동원해 가족들을 시청 밖으로 쫓아냈다. 이 과정에서 2명이 실신한다.

인천시청에서 강제로 끌려나온 50여 명의 가족과 장애인 노점상은 오후 7시경 아암도 진입을 시도한다. 경찰은 이미 송도 삼거리와 아암도 주변 약 2km의 거리를 바리케이드로 완전히 막고 모든 차량과 사람의 왕래를 봉쇄했다. 남편과 자식을 살리려는 일부 가족이 악에 받쳐 경찰과 싸웠다. 저지선을 뚫고 아암도에 진입하려다 차단되고 연행됐다. 이 와중에 전투경찰에게 걷어차여 다친 배미옥, 박길림 씨가 인천 시립병원으로 실려갔다. 오후 7시 30분, 이제 인천의 아암도는 완전히 어두워졌다. 물대포를 맞아 하반신이 마비된 장애인 권순희, 한은미 씨가 치료를 위해 망루에서 내려오자 경찰은 곧바로 이들을 연행했다. 권순희 씨는 망루 위에 28명의 농성자가 남아 있었다고 했다.

연행된 사람은 15명으로 늘었지만 면회조차 거부당했다. 물대포와 돌 세례로 이미 탈진한 농성자들에게 공

포와 추위 못지않게 힘겨운 배고픔이 찾아왔다. 경찰에
의해 식수와 음식이 차단됐고 농성자들은 뜬눈으로 주
변을 경계하며 초조한 시간을 보냈다. 이런 어려움 속에
서도 남은 망루 농성자들은 이덕인이 용기를 잃지 않으
려 애썼다고 기억한다. 그는 계속 앞에서 외쳤다.

"장애인 생존권을 쟁취하자!"

"노점단속 자행하는 김영삼 정권 퇴진하라!"

그리고 그는 모여 있는 농성자들을 위로하며 '늙은 노
점상의 노래'를 불렀다. "나 태어나 이 강산에 무엇이 됐
냐, 우리 가족 먹여 살리려 노점상이 되었단다." 경찰은
빨간색 운동복을 입고 구호를 외치고 노래도 하는 이덕
인을 주동자로 봤다. 망루 아래에선 "빨간 추리닝, 너 내
려와! 죽여버린다!"라는 용역깡패의 욕설과 협박이 이
어졌다.

사건이 터지자마자 시민사회단체를 중심으로 구성된
대책위원회는 인천과 서울에서 번갈아 집회를 열었다.
망루 밖에서도 이미 수많은 사람이 경찰을 상대로 철거
중단을 요구하는 집회를 벌이고 인천 남부경찰서를 항
의 방문하기도 했다. 지역의 시민사회단체 회원들과 종

교인들도 농성자들의 안전을 보장하라고 촉구했다. 농성자가 먹을 물과 담요, 그리고 하루 두 끼의 음식을 요구했지만, 남부 경찰들은 "죽을 지경이면 내려온다"라는 말을 내뱉을 뿐이었다.

11월 25일 이덕인은 농성 중인 사람들과 향후 방안에 관해 논의했다. 날씨는 추웠고 식량이 부족했으며 고령자와 장애인이 있었기에 추위에 맞서 견디기에 어려움이 많았다. 회의 끝에 고립된 망루의 상황을 외부에 알리고 먹을 것을 구하기 위해 경찰의 감시와 포위망을 뚫기로 결심했다. 오후 1시경 경찰과 협의하에 망루에 올라온 박홍수 씨의 제안으로 이덕인은 눈에 띄는 빨간 운동복을 박홍수 씨의 검은색 바지와 바꿔 입었다. 그리고 저녁 8시 45분경 마침내 몇 사람과 망루를 내려갔다.

망루 주변 해안초소에는 농성자를 연행하기 위한 200여 명의 경찰과 백골단이 있었고, 대민 마찰을 우려한 군 상부의 지시로 군인들도 다시 투입돼 있었다. 이덕인은 이석근 씨와 함께 망루 뒤쪽으로 몸을 숨기고 지상까지 내려온 후 500m쯤 떨어진 해변과 도로 사이에 뚫린 경운기 통로를 통해 포위망을 뚫고 서서히 움직였다. 이

때 이덕인을 뒤따라오던 이들은 경찰에 발각되어 급히 망루 위로 되돌아가게 된다. 하지만 되돌아올 수 없는 상황이었던 이덕인은 바닷가 축대를 따라 천천히 이동하며 칠흑 같은 어둠 속으로 서서히 사라졌다.

잠시 소강상태가 되자 노점상과 장애인 등 80여 명이 농성자들에게 의약품과 물, 빵을 전달하려 망루 150m 앞까지 접근했다. 그러나 경찰에 의해 발각되어 제지당했다. 당뇨병, 폐결핵 환자를 비롯해 부상자를 위한 구급약품이라도 전하겠다며 노점상 배미옥 씨가 나섰지만 다시 저지당하며 실패했다. 이때도 도로엔 전경들이, 어통소 포장마차 주변에는 백골단과 체포조들이 배치되어 있었다. 농성자 중 당뇨병 환자였던 황재안 씨는 어쩔 수 없이 소변을 마실 수밖에 없었다고 나중에 말했다. 그리고 음식과 의약품을 구하러 망루를 내려간 이덕인은 사라지고 소식이 없었다.

사태가 더 심각해지자 이석근 씨는 바닷가 쪽으로 밧줄을 내려놓고 보급품을 기다렸다. 26일 오후 11시 15분경 보급품을 찾으려 망루에서 내려온 윤태열 씨는 곧바로 연행됐다. 먹을 것을 구하러 내려오면 하나둘 연행되거나 지쳐나가는 상황이었다. 당시 망루에 있던 사람들은 '물대포를 맞아 몹시 춥다, 배고프다'라며 큰소리로 고통을 호소했지만, 절규는 바닷가를 맴돌 뿐이었다. 농성자들은 추위와 물대포 세례 속에서 11월 28일까지 무려 5일 동안 죽음과 같은 상황을 견뎌야 했다.

한편, 망루 밖의 사람들도 농성자에게 음식과 약품을 전달하기 위해 애썼다. 애가 탄 가족과 노점상들은 11월 26일 인천대학교에서 회의를 열었다. 이날 회의에서 5명의 팀을 짜 해변가 어통소 철조망을 절단하고 물품을 나눠 반입하기로 결의했다.

다음 날인 11월 27일 새벽 노점상과 장애인들이 경찰의 눈길을 돌리기 위해 망루 맞은편 주차장에서 집회를 열고 구호를 외쳤다. 그리고 몇 사람이 보급품을 가지고 망루 쪽으로 이동했다. 박원식 씨가 먼저 들어가 바다로 통하는 어통소의 수문을 절단하려고 했으나 문은 이미 열려 있었다. 박원식 씨는 예감이 좋지 않았다고 회상했다. 왜냐하면 이곳은 늘 굳게 잠겨 있었고, 망루 농성 때문에 경계도 더 심한 상황이었기 때문이다. 다행히 보급품은 윤관모, 이창호 씨에 의해 망루 위 불침번이던 이

안중, 이정수 씨에게 무사히 전달됐다.

물품이 밧줄에 매달려 망루 위로 올라가던 그때 경찰과 용역으로 보이는 사람들이 접근했다. 보급품 전달팀은 온 힘을 다해 도망쳤다. 그런데 이때 방파제 밑 돌길에서 이상한 물체가 눈에 띄었다. 이창호 씨에 따르면 시신으로 보였다고 한다. 그는 윗옷이 벗겨진 채 엎드린 사람의 시신을 언뜻 보고 재빨리 그곳을 빠져나왔다. 이덕인의 시신을 처음 발견한 것이다. 2003년 의문사진상규명위원회가 발표한 시신 발견 시점은 1995년 11월 28일 오전 10시 50분경이지만, 그 전날 시신을 본 사람이 있었던 것이다.

망루로 되돌아온 이들은 시신을 본 사실을 이야기했지만 어쩔 바를 몰랐다. 망루 맞은편에서 경찰의 눈길을 붙잡아두었던 노점상들은 물품 보급에 성공했다는 사실을 알고 항의집회를 마쳤다. 이날 오후 6시에 연행된 노점상 황재은 씨에 따르면 수사 과정에서 경찰이 "너희 주동자인 장애인 털보가 어디 갔는지 안다"라고 말하는 등 이덕인의 행방을 알고 있는 것 같았다고 한다.

11월 28일 오전 10시경 농성자 이석근 씨가 망루에서 어통소 쪽 50m 거리의 바닷가에 시신이 있는 것을 발견하고 경찰에 이를 알렸다. 함께 농성 중이던 김선모 씨가 내려와 시신이 있는 곳까지 다가갔다. 시신은 분명 이덕인이었다. 상의와 신발이 벗겨진 채 물속에 엎드려 있었으며 양팔은 등 뒤로 밧줄에 포박된 상태였다. 시신을 뒤집어 똑바로 눕히자 양 손목은 앞으로 묶여 있었다. 죄수를 호송할 때 묶는 방법이었다. 얼굴과 뒤통수, 양쪽 어깨와 팔 등에 상처와 피멍이 수두룩했고 두 눈은 부릅뜬 채였다. 시신을 포박한 줄은 노점상이 천막을 고정할 때 쓰는 1cm 굵기의 줄로, 이 줄은 어통소 초소와 철망 주변에 흔하게 널려 있는 것이었다.

이덕인의 시신은 오전 11시 50분 인천 세광병원으로 옮겨졌고 남인천의원 원장 박용섭 씨가 검안했다. 그는 당시 "얼굴과 팔, 상체 등에 상처와 피멍 든 자국이 선명한 것으로 보아 구타에 의한 사망으로 추정된다"라는 검안 소견을 밝혔으나, 이후 이를 전면 부인한다. 이 사실이 당시 사진자료와 시신 목격자 진술에 의해 입증되지만 나중에 의문사진상규명위원회 자료에선 경찰 조사를 바탕으로 '상처 등은 발견되지 않았다'라고 기록됐다.

의문점은 더 있다. 이덕인이 망루에서 내려온 11월 25일 저녁 7시 30분경에 이동 경로인 해변길의 바닷물 수위는 55~80cm였고 유속도 거의 없는 시간이었다. 유가족 증언에 따르면 이덕인은 수영을 잘했는데 그런 그가 수영 미숙으로 익사했을 가능성은 거의 없다. 그리고 이덕인이 탈출을 시도하다 죽었다면 4일이나 표류했을 텐데, 아암도 주변에 군과 경찰이 경계 근무를 계속했고 망루 위 농성자들도 바다가 보이는 곳에서 계속 농성했음에도 그동안 아무도 표류하는 사체를 발견하지 못한 것도 납득하기 어렵다. 더군다나 4일간 바다에 쓸려 다닌 시신으로 보기 어려운 모습이었다고 목격자들은 주장한다.

경찰은 서둘러 망루 철거를 강행했다. 농성자들은 이덕인이 죽었다는 소식을 듣자 전의를 상실해 농성을 중단했고 모두 인천 남부경찰서로 연행됐다. 오후 6시 30분, 유족들은 정확한 사인 규명을 위해 시신을 세광병원에서 중앙길병원으로 옮긴다.

11월 29일 새벽 4시경 영안실에서 시신을 지키던 인하대 학생이 최기선 인천시장과 인천시경 관계자가 무

전기로 주고받는 내용을 우연히 들어 시신 탈취를 예측하게 되었다. 이에 대책위원회는 30분 후 경찰 책임자가 상황을 살피러 왔을 때 부검을 제안했다. 경찰 책임자는 이를 거부했고 곧이어 새벽 4시 45분 공권력을 투입했다. 경찰력 1,500여 명이 시신이 안치된 병원을 에워쌌고 영안실까지 침탈했다. 당시 영안실에는 소식을 듣고 달려온 노점상과 장애인, 그리고 학생과 사회단체 회원 등 100여 명이 있었다. 경찰은 쇠망치로 중무장하고 사방에서 벽과 유리창을 깨부쉈다. 그리고 깨진 유리와 벽돌을 집어던지고 곤봉을 휘두르며 순식간에 영안실로 난입했다. 영안실은 아수라장이 되었고 공포에 휩싸였다. 당황한 사람들이 경찰이 휘두르는 쇠파이프에 머리가 터지고 얼굴이 깨져 피투성이가 되었다.

어떻게든 시신을 지키고자 병원 주변에 공사용으로 쌓여 있던 각목을 집어 들고 격렬하게 저항했지만 역부족이었다. 순식간에 몰려든 경찰 폭력으로 20여 명이 머리를 20~30여 바늘 꿰맸고, 어떤 이는 안면이 함몰되었으며, 쇠파이프에 맞아 실명의 위기에 처하는 등 여러 사람이 중경상을 입었다. 경찰은 연행된 사람들을 감시하며 8시간 동안 시멘트 바닥에 무릎을 꿇렸다. 시신 침탈에 동원한 전경들을 불러 연행한 학생들을 보여주고 한 사람씩 지목하게 해 증거로 사용하기도 했다.

정당하게 방어한 학생들 가운데 총 12명이 구속됐다. "삽을 들고 있었다"라는 증언을 하도록 전경에게 지시해 인하대 1학년 학생을 특수공무집행방해죄로 구속하기도 했다. 경찰은 강압적으로 자백을 강요하고 구속했으며 연행된 사람들을 이간질하고 굴욕감을 주었다. 구속된 학생들은 폭력 침탈한 경찰에게 저항했다는 이유로 모든 혐의를 뒤집어쓴 채, 심지어 '살인미수죄'까지 적용하는 사법 처벌 대상이 되어 부상의 후유증과 트라우마는 물론 훗날 취업에서도 불이익을 겪었다.[23]

이날 공권력은 시신을 탈취하면서 영장을 제시하지도, 시신을 탈취해야 하는 이유를 설명하지도 않았다. 시신을 국립과학수사연구소로 가져간 경찰은 이덕인의 친형이자 유족인 이덕창 씨를 끌고 가 1시간 50분 만에

---

23 최예륜, 〈이덕인 의문사 사건 조속한 조사 개시 촉구 및 조사 요구 의견〉, 이덕인열사 의문사 진실규명 및 명예회복을 위한 공동대책위원회, 2021, 6쪽.

서둘러 부검을 마쳤다. 이 때문에 '2차 부검을 막으려 의도적으로 시신을 손상시켰다'라는 추측과 의혹이 생기기도 했다. 세월이 흘러도 이덕인의 부모님은 "저놈들이 우리 아들의 몸을 고깃덩어리 취급했고 만신창이를 냈다"라고 말한다.

법원은 양연수 씨에게 이 사건의 모든 책임을 물어 징역 3년 6월을 선고했다. 체포된 후 경찰서로 면회를 다녀온 당시 노점상 단체 부의장 유희 씨에 따르면 양연수 씨는 이 사건 책임자의 한 사람으로 잠시 쉬다 오겠다고 말했다고 한다. 그는 차고 있던 손목시계를 풀어 건넨 뒤 노점상과 장애인의 생존권을 위해 다 함께 흔들리지 말고 싸우자는 말을 남기고 또다시 오랜 수형 생활을 시작한다.

'노들장애인야간학교'가 2000년 3월 소식지 《노들바람》(18호)에 실은 기획기사 '故 이덕인 열사'에선 "정책으로 내세우는 것들은 대부분이 이벤트적이고 전문성이 부족한 것들뿐이다. 그 한 예로 장애인 취업 도모를 위해 노동부에서 주최하는 장애인 기능대회가 있는데, 그동안의 참가자 중에서 직장을 찾은 사람은 단 두 명에 불과했다. 그리고 정부 조직조차도 장애인고용촉진법을 제대로 준수하고 있지 않으며, 심지어 장애인고용촉진공단에서조차도 장애인을 찾아볼 길이 없다"라고 당시의 상황을 비판했다.

이렇게 1995년은 최정환 씨 분신자살과 이덕인 씨 의문사를 둘러싸고 여론이 뜨겁게 달궈진 해였다. 김영삼 정부가 장애인과 저소득 취약계층을 정책적으로 지원한다는 언론 발표가 있었지만, 이들의 죽음을 통해 알 수 있듯이 실상은 크게 나아지지 않았다.

시간이 흘러 2002년 의문사진상규명위원회는 이덕인 사건에 대해 "대규모의 공권력 동원과 통제로 헌법상의 생명권을 위협하고, 신체의 자유, 행복추구권을 과도하게 침해하여 공익보다 침해되는 사익이 현저히 큰 위법한 공권력의 행사였으며, 국민 기본권의 확립을 위해 항거하는 과정에서 사망에 이르렀다"라는 요지의 결론을 내린다. 그러나 직접적인 사인과 관련해서는 "이덕인 씨가 경찰에 폭행당한 후 실신 상태에서 물에 던져졌음을 뒷받침할 근거는 없다"라고 정리했다. 결론적으로 국가에 의해 죽은 것은 맞지만, 경찰이 죽였는지는 모르겠다는 뜻이다. 더 이상의 진상 규명은 이뤄지지 않았다. 심지어 이명박 정권이 들어선 2008년 '민주화운동 명예회복 보상심의위원회'는 국가 폭력에 의한 사망이라는 의문사진상규명위원회의 결론에도 불구하고, "노점을 단속한 지자체의 고유사무"였으므로 민주화운동과 관련한 사망으로 볼 수 없다는 '배·보상 불인정'을 결정한다. 실질적 명예 회복은 이뤄지지 않은 것이다.

세상으로부터 또다시 버림받은 이덕인 열사의 부친 이기주 씨는 노구를 이끌고 거리로 나섰다. 그리고 아들의 억울한 죽음을 알리기 위해 백방으로 뛰었다. 2015년 5월 3일 광화문광장에서 열린 '과거사법 제정 촉구' 기자회견장에서는 삭발을 했고, 국회 앞에서 일인 시위도 했으며, 광화문 촛불집회 등 사람이 모이는 곳이라면 마다하지 않고 나가 억울함을 호소했다. 마지막으로 아버님을 뵌 것은 2021년 이덕인 열사 26주기 추모제가 열린 날이었다. 이제는 확연히 연로한 모습으로 '진실·화해를위한과거사정리위원회(진실화해위원회)' 사무실을 방문해 자식의 억울한 한을 풀어 달라고 호소했다. 진실

2021년 11월 25일 진실·화해를위한과거사정리위원회를
방문한 이덕인 열사 아버지

화해위원회는 신청 사건에 대해 조사 개시 여부를 90일
이내에 통보하도록 되어 있으나 이후 공식적인 입장을
밝히지 않았다.

　그러나 사람들은 아직 포기하지 않았다. 2021년 30여
개 단체가 모여 '이덕인 열사 공동대책위원회'를 결성했
고, 진실화해위원회에 이덕인 열사 사건 진상 규명을 요
구하고 있다.

　아버지의 소망은 가난과 장애로 힘겨웠던 아들 이덕
인이 무시당하지 않고 평범하게 사는 것이었다. 죽음이
닥칠 줄 모르고 망루에 오른 이덕인은 사건이 벌어진 그
날도 공무원 시험 응시 자격을 잃을까 걱정하던 평범한

사람이었다. 가진 것 없고 배운 것 없는 장애인이었지만, 가난한 사람의 고통을 자신의 고통처럼 여기고, 자신은 물론 모든 사람이 존엄하다는 것을 일상과 투쟁에서 보여준 사람이다.

당시 그와 함께했던 김종환 씨와 유희 씨, 그리고 열사의 부모님과 아암도를 다시 찾았을 때 그날의 흔적은 말끔히 지워져 있었다. 이곳이 설마 섬이었을까? 돌아올 때는 그해 인색했던 눈다운 눈이 차분히 내렸다. 겨울바다의 바람이 그때처럼 차디차 옷깃을 여미게 했다.

4.
1999년 대전역 근처
노점상 윤창영

대전역 근처 가락국수 포장마차는 여행객이 발길을 멈추고 출출한 배를 채우던 곳이었다. 대전역 광장을 가로질러 지하도 계단을 내려가면 불편한 몸을 이끌고 웅크려 장사하던 장애인이 있었다. 그는 3살 때부터 왼쪽 다리와 양손이 반쯤 마비되어 자기 몸을 추스르지 못하는 1급 장애인이었고 말을 더듬었다. 이름은 윤창영이고 대전역 광장을 배회하던 노숙자들에겐 큰형님으로 불렸다.[24] 매주 일요일 교회에 나가던 그는 교인들의 지원을

24　'장애로, 노점으로 차별받을 수 없다!', 오마이뉴스, 2014. 7. 10.

받아 주변 노숙자에게 컵라면을 나누어주고 틈틈이 용돈까지 보태주었다고 한다. 생계를 위해 허리띠, 라이터, 고무줄, 그리고 수세미 등을 팔면서 또 다른 가난한 이웃을 도운 셈이다.

1999년 7월 7일 오전 9시 유일한 생계수단이던 마차를 구청 직원이 압수해 갔다. 동료에 따르면 이미 전날에도 한차례 단속을 당한 상태였다. 그는 평소 물건을 빼앗기지 않으려 다른 사람보다 거칠게 구청에 저항하고 항의했다. 직접 부딪치고 싸우는 대상은 아마도 구청의 말단 직원이었을 것이다. 구청 직원은 법대로 해야 한다고 고집했다. 다른 노점상에 따르면 대전역 근처에서 장애인으로 장사하는 그의 모습이 눈에 거슬렸는지 구청이 윤창영 씨를 유독 '표적 단속'했다고 한다. 대전역에서 큰형님으로 통하며 다른 노점상의 문제에도 팔을 걷어붙이고 대응한 그를 집중적으로 단속해 제거하면 나머지 노점상을 정리하기도 수월하다고 판단했을 것이다.

물건을 빼앗긴 윤창영 씨는 동료와 대전 동구청에 찾아가 물건을 돌려 달라고 애원했다. 하지만 구청 직원과 용역반은 비웃으며 거부했다. 모욕을 당한 윤창영 씨는 격분해 몸에 불을 붙였다. 온몸이 활활 타면서도 시퍼렇게 눈을 뜨고 "장애인의 생계를 보장하라! 장애인도 노점상도 인간이다! 이 땅에서 행복하게 살 권리가 있다!"라고 외치며 쓰러졌다고 한다. 윤창영 씨는 충남대병원을 거쳐 서울 한강성심병원으로 옮겨졌다. "창영아, 제발 죽지만 마라!" 가족은 절규하며 밤을 새웠고 윤창영 씨는 임종 직전 "내가 무슨 죄를 지었기에… 집에 가서 죽고 싶다. 어머니 곁에 묻어 달라"라는 짧은 유언을 남기고 7월 10일 숨을 거둔다.

나는 노점상 단체 의장 이영남 씨와 함께 한강성심병원에서 그의 임종을 지켜봤다. 병원 로비에선 대전에서 올라온 경찰과 공무원이 유가족과 장례 문제를 협의하고 있었다. 그리고 시신을 대전으로 옮긴다는 것을 알게 되었다. 이대로 열사를 보낼 순 없었다. 나는 운구차에 올라타고 이영남 씨는 승합차로 운구차를 뒤쫓았다. 운구차 안에선 이미 경찰로 보이는 사람들이 장례 일정을 검토하고 있었다. 서울에서 대전까지 가는 내내 이대로 장례를 치러선 안 된다고 가족을 설득했지만, 갑자기 뛰어든 낯선 남자의 말을 들을 리 없었다. 게다가 나는 여름휴가 중 연락을 받고 달려오느라 반바지에 슬리퍼 차림이었다.

경찰들과 옥신각신하며 충남대병원 장례식장에 도착했는데 영안실 주변에 분신 소식을 듣고 몰려온 사람들이 가득했다. 그때의 장면이 기억에서 지워지지 않는다. 한쪽 팔이 없는 사람, 다리를 저는 사람, 휠체어를 탄 장애인과 허름한 노숙인이 대부분이었다. 포장마차로 장사하는 노점상과 윤창영 열사가 다니던 교회 교인들도 모였다. 이들 가운데 누군가가 지역의 사회단체에도 연락했다. 시민사회단체 활동가와 잔업을 마치고 온 노동자, 그리고 대학생들이 합류해 영안실은 순식간에 집회 장소로 바뀌었다. 서둘러 지역 시민사회단체와 '비상대책위원회'를 꾸렸다. 가족을 설득하는 데에 종교단체의 역할이 컸다. 결국 유가족은 장례 일정을 비상대책위원회와 상의하겠다고 입장을 바꿨다.

영안실 주변에 대자보가 나붙고, 대학생 등 현장에 모인 사람들이 영안실을 채웠다. 일부는 모금함을 들고 거리로 나가 선전전을 벌였다. 나는 대전역 근처 시장에서 운동화와 바지를 사서 갈아입고 대전지역 노점상들에게 유인물을 나눠주었다. 윤창영 씨가 분신 사망했다는 소식을 알리고 추모에 참여해 달라고 호소했다. 유인물을 받아든 대전역 노점상 김지현 씨는 "강제로 빼앗긴 제 물건들이 지금도 구청에 있어요. 이제 곧 장마인데 걱정이 태산이에요"라고 하소연했다. 봐달라고 울면서 매달렸지만 구청 직원은 징역을 보내겠다고 협박했다고 한다.

비상대책위원회는 7월 15일 대전역 광장에서 윤창영 열사를 추모하는 첫 번째 결의대회를 개최했다. 경찰은 결의대회에 참석한 시위대의 거리 진출을 가로막았다. 머리 위로 떨어지는 곤봉과 함께 사람들은 넘어지고, 옷이 찢기고, 신발이 벗겨졌다. 대전역에 모인 시위대는 분노했고 사태는 걷잡을 수 없이 커졌다. 전국에서 노점상이 모여들었고 이들은 지역 활동가와 영안실을 지키며 매일 죽음을 애도했다. 그리고 8.15대회를 앞두고 전국을 순회하던 대학생 통일선봉대가 합류하자 집회 규모는 더욱 커졌다. 분노가 점점 거세지자 심각성을 느낀 대전 동구청이 사과하고 비상대책위원회와 함께 대책을 마련해 유가족과 합의에 이른다.

7월 20일 마침내 윤창영 열사의 장례식이 치러졌다. 행렬은 고인의 영결식 장소인 광장을 지나 동구청과 대전시청까지 행진했다. 이날은 노점상이 눈치 보며 쫓겨나는 날이 아니었다. 대전지역 노점상도 당당하게 고개 들고 소리 높여 구호를 외치며 장례 행렬 선두에 섰다. 출렁이는 검은 만장이 물결을 이뤄 대전 거리를 뒤덮었다. 대전 동양백화점을 지나 시청 앞에 도착해서는 이를 막아선 경찰과 한바탕 실랑이를 벌였지만, 장례식은 큰 충돌 없이 마무리되었다. 윤창영 열사의 혼이 담긴 꽃상여를 실은 영구차는 그의 고향인 금강의 묘역으로 향했다.

장례식이 끝나고 대전지역의 많은 노점상이 노점상 단체에 가입해 더욱 세력이 커진다. 그 후 대전지역 노점상 대표를 맡고 있는 김성남 씨는 이날을 기리며 대전 충청지역 사회단체와 매년 추모제를 치른다. 양연수 씨는 이를 계기로 도시빈민운동을 강화하기 위해 '전국철거민연합'과 '전국빈민연합'을 재결성했다. 그와 나는 여전히 다투고 대립하는 관계였지만 그는 의장을, 나는 사무국장을 맡게 되었다.

5.
2002년 청계천
장애인 노점상 최옥란

이번엔 서른일곱의 나이로 유명을 달리한 장애인 노점 상 최옥란 열사 이야기다. 최정환 열사 장례 이후 장애 인과 노점상이 결성한 '장애인 자립 추진위원회'에 최 옥란 씨는 1998년 합류했다. 그리고 청계천 8가에서 장 난감과 치약, 구제 옷 등을 팔기 시작했다. 당시 근처에 서 함께 장사하던 장애인 조성남 씨는 "옥란 씨도 장사 자리를 확보하는 게 쉽지 않았어요. 하지만 삶의 의지가 워낙 강해서 쉽게 꺾이지 않았지요. 구청 단속반도 장사 를 막지 못했고요. 경찰서를 제집처럼 드나들며 거리에 서 살기 위해 몸부림쳤습니다"라고 옥란 씨를 회상한다.

장애인, 그리고 여성 노점상으로서 치열하게 살아온 것으로 이야기하지만, 실제 최옥란 열사의 삶은 매우 어렵고 고통스러웠다. 전남편으로부터 한 푼도 받지 못했고 어린 아들 준호를 홀로 키울 수도 없었으며 심지어 제대로 만날 수조차 없었다. 면접 교섭권을 위해 1999년에 이런 글을 쓰기도 했다.

"재판장님, 저의 간절한 소망을 이해하시고 꼭 나의 아들 준호를 만나게 해주세요. 냉정하게 판단해 주세요. 지금 저의 형편이 어렵습니다. 노점상을 하기에는 너무 체력적으로 힘이 듭니다. 남편의 형편도 알지만 나보다 나은 조건입니다. 나머지 주어진 삶을 좌절하지 않고 살 수 있게끔 희망을 주세요."

무엇보다 아픈 몸이 그를 괴롭혔다. 1999년 12월 서울 동대문구의 한 병원에서 자궁 절제 수술을 받았지만, 병원의 과실로 의료소송에 휘말리기도 했다. 그뿐만 아니라 머리에 혹이 생겨 6개월가량 약물치료가 필요한 상태였다. 게다가 당시 많은 장애인이 '이동권' 투쟁을 치열하게 전개했던 시기로 최옥란 씨는 이 과정에서 전경과 충돌해 쓰러지기도 했다. 그러니 주기적으로 병원을 들락거릴 수밖에 없었다.

김대중 정부 시기인 2001년 10월부터 '국민기초생활보장제도'가 시행된다. 생활 유지 능력이 없거나 어려운 사람에게 국가와 지방자치단체의 책임 아래 필요한 급여 등을 제공하여 최저 생활을 보장하는 것을 목적으로 신설된 법률이었다. 그러나 기존의 복지제도를 혁신했다는 이 정책은 정작 최옥란 씨의 형편에 큰 도움이 되지 않았다. 당시 수급자가 되기 위한 소득의 기준 상한선은 33만 원이었다. 기초생활보장제도가 시행되면서 최옥란 씨도 수급자가 되었지만 약간의 수입원이던 노점상을 포기하지 않으면 최저생계비 기준을 초과해 수급비와 의료비, 그리고 임대아파트 입주권과 의료보장마저 지원받을 수 없었다. 노점을 계속하면 제도의 혜택을 받지 못하고, 노점을 포기하면 수급비만으론 살아갈 수 없는 벼랑 끝에 몰렸다.

2001년 12월 3일, 뇌성마비 1급 중증 여성장애인 최옥란 씨는 명동성당에서 '생존권 쟁취와 최저생계비 현

2012년 최옥란 열사 10주기 추모대회

실화' 농성에 들어갔다. 가난한 이들의 최저 생활을 보장하겠다고 마련된 제도가 오히려 생계를 위협하는 이상한 제도가 되었기 때문이다. 그는 최저생계비의 현실을 알리는 데 발 벗고 나섰고, 일주일간 명동성당 텐트에서 추위를 견디며 농성했다. "현재 시행하고 있는 국민기초생활보장제도가 저의 작은 꿈들을 다 빼앗아갔습니다. 노동도 할 수 없는 장애인이 그나마 돈을 벌 수 있는 장사도 못 하게 아니 이젠 더 살 수가 없습니다. 부디이 제도가 정말로 저같이 가난한 사람들의 최저생계를 보장하는 제도로 거듭나면 좋겠습니다"라고 거리에서 외친 최옥란 씨는 농성 5일 차인 12월 7일 보건복지부 장관의 집 앞에 수급비 28만6,000원을 반납했다.

그리고 그는 아래와 같은 유서를 남기고 이듬해 사망했다.

"엄마, 엄마 너무 가슴 아파하지 마세요. 그리고 용서해 주세요. 힘이 많이 들어요. 우리나라를 이끌어 가는 사람들이 나를 죽음으로 가게끔 하는군요. 엄마, 엄마. 목이 메어 글 쓸 수가 없네요. 엄마. 우리 좋은 세상에서 만나요. 언니 오빠 동생 모두에게 미안해. 이럴 수밖에 없었던 것…."[25]

"노동도 할 수 없는 장애인이 그나마 거리에서 장사해서 돈을 벌어서 이 세상에서 제일 사랑하는 나의 아들을 찾으려고, 힘이 들어도 참으며 살아왔습니다. 그러나 거리에서 장사도 못 하게 하니 이제는 더 살 수 없는 심정입니다. 다시는 저와 같은 동료들 상처받지 않고 살았으면 합니다. 이러한 죽음을

25   김용출, 『시대를 울린 여자: 최옥란 평전』, SeoulPost, 2003, 230쪽.

선택한 것은 절망, 좌절. 희망이 없어 선택을 하게 되었습니다. 나의 주위에 계신 동료 여러분께 부탁이 있습니다. 내 이루어지지 않은 것들을 꼭 이어주십시오."[26]

최옥란 열사가 유명을 달리한 그 시간 노점상 단체는 인도에서 열리는 '국제노점상연합' 창립대회를 준비하고 있었다. 그 때문에 장례 일정에 적극적으로 참석하지 못했다. 노점상 단체는 열사가 유명을 달리한 이후에도 일반 노점상에게 국민기초생활보장제도의 문제를 적극적으로 알리지 못했고 최옥란 열사의 죽음을 장애인 또한 사람의 슬픈 소식으로밖에 인식하지 못했다. 이를 계기로 반反빈곤 연대운동이 절실하다는 운동적 각성이 생겼다. 노점상과 철거민 운동 중심의 전국빈민연합이 있었지만, 그동안은 철거와 단속 등 현안에 집중하느라 사회 전체의 빈곤 문제 해결을 위한 노력은 후순위가 되는

---

26 김윤영, '장애해방열사, 죽어서도 여기 머무는 자: 최옥란의 삶과 죽음③', 비마이너, 2019. 11. 2.

것이 현실이었다.

장례식에 참여한 반빈곤 운동 단체들은 기초생활보장제도를 중심으로 한 다양한 생활권의 문제를 제기하고자 '기초법 연석회의'를 결성한다. 이후 노동의 불안정화, 민중의 빈곤화에 맞선 도시빈민의 연대를 모색하기 위해 2004년 3월 30일 '빈곤 해결을 위한 사회연대(준)'가 만들어졌으며, 2008년 4월 16일 이름을 '빈곤 철폐를 위한 사회연대'로 바꾸어 반빈곤 운동을 전개한다.[27] 이렇게 최옥란 열사는 사회 변화를 꿈꾸는 이들의 촛불이 되었다. 그는 죽어서도 저항하는 사람이 되었다.

---

27 빈곤사회연대 홈페이지 http://antipoverty.kr/xe/introduce 참조.

6.

2007년 고양시
붕어빵 노점상 이근재

2003년 대통령에 당선된 노무현 정부는 어떤 정권도 하지 못한 재벌 개혁에 손을 댔다. 상속증여세의 포괄주의를 도입해 대기업 총수의 탈세 여지를 막거나 대기업 간 불공정 담합 적발과 처벌을 강화하는 정책들로 긍정적 평가를 받기도 했다. 하지만 임기 중 한미FTA 추진과 이라크 파병 등 신자유주의 정책에도 적극적이었다. '인권단체 연석회의'에 따르면 2007년 10월 초까지 구속된 노동자는 1,000명을 넘었다. 그중 70% 이상이 비정규직 노동자였다. 노무현 정부 시기 한 해 평균 구속 노동자 수는 235명으로 김영삼 정부 때 126명, 김대중 정부 때

2007년 11월 이근재 열사 장례 행렬

178명보다 훨씬 많았다. 특히 민중의 생존권 투쟁에 대해 집시법, 업무방해, 공무방해, 특수공무방해 등을 적용해 구속하거나 과도한 벌금을 부과하는 일이 잦았다. 차별 철폐를 외치는 비정규직 노동자에겐 노동조합을 결성할 권리와 단체교섭의 권리마저 주어지지 않았다.

이 시기 경기도 고양시에서 노점상 이근재 씨가 스스로 목을 매달았다. 서민의 눈물을 닦아주겠다던 노무현 정부에 의해 생존권을 억압당하자 극단적인 저항 방식의 하나인 죽음을 선택하는 일이 계속 이어졌다.

서울시가 본격적으로 '노점관리대책'[28]을 추진하고 산하 구청이 집행에 들어가자 고양시도 2007년 2월 21일 '질서 있는 품격 도시 만들기 추진계획' 수립에 나섰다. 소위 '기초질서'를 실천한다며 '불법 노점상, 노상적치물, 불법 주정차, 불법 광고물'을 근절해야 할 '4대 불법행위'로 지정해 정비하겠다고 선언했다. 이로써 법과 질서가 바로잡힌 깨끗하고 살기 좋은 도시를 만들겠다는 포부였다. 고양시의 내부 자료에 따르면 같은 해 4월부터 야간 특별단속으로 23개의 노점상을 적발하고, 천막과 발전기 등 노점 물품 78점을 수거했으며, 노점 차량을 고발 조치하는 등 강력한 단속을 전개했다. 상인들이 반발하자 "생계형 노점상은 장사를 보장해 주겠다"라고 진화했지만, 뒤로는 노점 정비 예산을 10억 원에서 21억 원으로 늘렸다.

고양시 노점상 이근재 씨의 죽음을 들은 것은 2007년 10월 13일이다. 이날은 전국의 노점상 대표가 서울에서 모여 회의를 개최한 날이었다. 현장으로 달려간 단체 활

---

28 자세한 내용은 4장 참조.

동가와 각 지역 대표가 이근재 씨의 사인을 확인하고 즉시 대응하기로 했다.

이근재 씨는 서울에서 태어났지만, 고양 토박이나 마찬가지였다. 서울 중랑구 면목동에서 목수 일을 하던 집안의 외아들로 태어나 3살 무렵 고양시 덕양구 능곡으로 이사했다. 중학교를 졸업하고 아버지의 일을 물려받은 이근재 씨는 1981년 부인 이상미 씨와 결혼해 1남 1녀를 두었다. 책상과 의자 등을 만드는 목수 일로 근근이 살다 IMF 직전 공장 부도로 실직한 후 아내와 함께 고양시 서구에 위치한 문화초등학교 앞에서 붕어빵 노점을 시작했다. 그러던 중 10월 11일 고양시 전 지역에 단속이 실시됐다. 다음은 이근재 씨의 부인 이상미 씨의 증언이다.

"그날 저는 장사를 준비하고 있었고 다른 상인들도 채소와 떡볶이, 과일을 펴는데 깡패들이 몰려왔어요. 몸싸움이 벌어져 손수레가 다 엎어지고, 아주머니들이 밑에 깔렸는데도 눈 하나 깜짝 안 하고 다 때려 부수더라고요. 마차를 안 뺏기려고 안간힘을 쓰는데 젊은 깡패들이 팔꿈치로 밀고 난리가 났었어요. 덩치 큰 용역반 여러 명이 저를 둘러싸고 마차를 부수자 반죽이며 팔다 남은 붕어빵이 길바닥에 흩어졌어요. 바닥에 뒹굴며 단속에 저항했지만 속수무책이었습니다. 지나가던 사람들도 항의했지만 상황을 막을 수 없었어요.

남편은 건설 현장 일이 끝나면 매일 붕어빵 마차에 들렸습니다. 그날 제 모습을 남편이 본 거예요. 단속 현장을 막아서는 바람에 가까이 오지도 못하고 제가 단속받는 걸 몸부림치면서 다 지켜봤습니다. 너무 가슴이 아팠나 봐요. 그날 저녁에 제가 누워서 끙끙 앓고 있으니 미안하다고, 맨날 고생만 시키는 것 같다고 그러더라고요. 그때 남편이 평소와 다르게 좀 이상하다는 기분이 들었어요."

아내의 붕어빵 마차가 단속당하는 것을 지켜본 이근재 씨는 밤늦게까지 잠을 이루지 못했다. 그리고 유서를 써놓고 가방을 챙겨 새벽에 집을 나섰다. 10월 12일 공원에서 목을 맨 그는 싸늘한 시신이 되어 가족 곁으로 돌아왔다. 이근재 씨의 유서에는 "여보, 미안해. 당신에게 정말 미안하다", "세상 살기 힘들다", "장사를 못 하니 나라도 막노동을 해야지" 등의 말이 적혀 있었다.

고양시는 단속 비용으로 31억 원이라는 혈세를 쏟아부었다. 고양시는 앞서 5월 26일 일산동구 마두2동장과 동사무소 8개에 소속되어 있는 직능단체 회원과 주민 100여 명을 모아 놓고 '4대 질서 지키기 실천 결의대회 및 노점상 이용 안 하기 홍보 캠페인'을 마두2동 전역에서 실시한다. 이 자리에서 "노점상은 세계적인 도시로 발돋움하는 고양시의 위상에 걸맞은 질서와 문화가 어우러지는 명품도시 만들기에 있어 '장애'이며 기온이 급상승하고 습도가 높은 장마철이 다가오는 계절에 비위생적인 방법으로 음식물을 조리하여 판매하는 것은 '불결'하다"라고 교육했다. 그리고 "노점상은 생계가 어려워 거리로 나온 사람들이 아니라 기업형으로 이권을 챙기고 횡포를 부리는 '폭력집단'"이라는 인식을 조장했다. 고양지역 노점상 이정수 씨는 "고양시는 불법적인 상인을 단속한다는 명목으로 '노점상 이용 안 하기' 캠페인을 벌였지만, 노점상 단체와의 면담에선 '생계형 노점상의 장사를 보장해 주겠다'라고 회유했다"라고 말했다.

이근재 씨의 죽음은 나약한 상인의 비관 자살로 바라볼 수 없는 문제였다. 그는 10년 넘게 같은 자리에서 장사해 두 자녀를 키웠다. 그런 그의 죽음은 가난과 사회적 폭력이 한 가정을 어떤 지경까지 몰고 가는지 보여 주었다. 그의 지인들은 이근재 씨가 가난했지만 항상 소탈하게 웃는 이웃이자 동료였다고 회상한다. 10월 16일 덕양구 화정역과 고양시청 앞에서 대규모 항의집회가 열렸다. 노점상 단체 회원 3,500여 명이 참여해 시청 앞 오거리 일대 교통이 한때 마비되고 집회 도중 일부의 충돌로 부상자가 발생했다.

고양시청은 "만일 고인이 노점단속에 항의하기 위해 자살을 계획했다면 집회 장소를 택해 자신의 주장을 알리려 했을 것입니다. 사람도 많이 다니지 않는 한적한 곳에서 유서도 남기지 않은 채 자살했다는 사실은 자살이 단속과는 무관하다는 것을 방증하는 것입니다"라는 입장을 내고 대화를 거부했다.

저녁이 되어 어두워지자 경찰은 해산 명령을 내렸다.

집회 참가자들이 해산하지 않자 경찰은 곧바로 물대포를 쐈다. 참가자들은 추위를 막으려 불을 피웠고 일부는 보도블록을 깨 던지며 시위가 격화했다. 고양시청 측은 시위대의 진입을 막기 위해 컨테이너 4개를 시청 정문에 설치했다. 소식을 듣고 달려온 사회단체 회원들로 시위대의 숫자는 더 늘었다. 시위대는 컨테이너를 연결한 쇠줄을 절단기로 끊고 컨테이너 1개를 밧줄로 묶어 정문에서 시청 앞 오거리까지 끌고 내려갔다. 그리고 폐타이어를 컨테이너에 던져 넣고 불을 붙였다. 사람들의 분노와도 같은 검은 연기가 시청 앞 오거리에 붉게 치솟았다. 해가 완전히 저물자 늘어난 전투경찰들은 공격 대형으로 태세를 바꿔 다시 물대포를 쏘기 시작했다. 집회 참가자들은 준비해온 횃불 약 30여 개에 불을 붙이고 저항하며 고양시장의 사과와 단속 중단을 요구했다.

결사 항쟁으로 싸울 각오를 한 노점상 50여 명의 손에는 각목과 쇠파이프가 쥐어져 있었다. 시위 대오가 계속 늘어나자 긴장한 경찰은 물대포를 더 강하게 틀어대며 추위에 떠는 시위대를 겨냥했다. 사람들은 구호를 외치며 물러서지 않고 늦게까지 맞서 싸웠다. 결국 횃불 시위는 자정이 가까워서야 마무리되었다. 이날 시위로 시청 정문 조경수가 불에 타 검게 그을렸고 철제 정문이 파손됐으며 집회 참가자와 경찰 다수가 구급차에 실려 갔다. 그날 저녁 방송사들은 경찰 15명과 시위대 50여 명 등 모두 65명이 다쳤으며 13명이 폭력 시위로 경찰에 검거되었다고 보도했다. 다음날에도 노점상의 저항은 계속 이어졌다. '고 이근재 열사를 죽음으로 몰고 간 고양시 노점 탄압 책임자 처벌과 생존권 보장을 위한 비상대책위원회'에 70여 개의 사회단체가 합류했다. 고양시청 앞에서 노점 탄압을 규탄하는 내용의 집회를 개최하고 곳곳에서 선전전을 전개했다. 이근재 씨의 사망 이후 대규모 집회만 총 8차례나 진행됐다.

11월 8일 마침내 고양시청은 유가족에게 사과하고 요구사항을 수용했다. 고양시, 노점상, 시민단체가 참여하는 협의회를 구성해 시가 여러 차례 약속한 바 있는 '생계형 노점상 보호'를 포함한 노점상 문제를 협의하기로 했다. 더 이상 용역을 투입하지 않겠다는 약속도 받아냈다. 고양시장이 유가족을 찾아가 애도를 표하고 사과하며 사건은 마무리되었다. 유가족 보상 문제도 원만한 타결을 위해 지속해서 노력한다는 방침이었다. 부인 이상미 씨는 그동안 노점을 해온 자리에서 계속 장사하게 되었다.

11월 9일 2,000여 명의 노점상과 시민사회단체 회원들이 참석한 자리에서 장례가 치러졌다. 열사가 숨을 거둔 지 28일 만이었다. 일산복음병원 영결식을 마치고 장례 행렬은 주엽역 태영플라자부터 문화초등학교 앞까지 행진했다. 당시 전국빈민연합 의장이던 김흥현 씨는 추모사에서 "죽을 이유 하나도 없었습니다. 단 한차례의 부정한 짓도 저지른 적 없는 사람이었습니다. 비록 천대받는 거리의 노점상이었지만 대학 간 딸, 군대 간 아들 생각하면 죽을 수 없는 사람이었습니다. 삶의 터전을 짓밟히고 31억으로 동원된 용역들의 폭력에 노점상들이 휘둘리는 꼴을 볼 수 없어서 저세상으로 간 사람입니다" 라고 외쳤다.

오후 12시 고인이 장사하던 문화초등학교 앞에서 노제가 열렸다. 하굣길에 나선 아이들은 영문도 모른 채 신기하다는 표정으로 장례 행렬을 지켜봤다. 주변 은행나무 가로수는 붕어빵처럼 노란 나뭇잎을 바닥에 떨궜다. 비가 내리다 그치기를 반복했다.

투쟁은 노점상의 승리로 마무리된 것 같았다. 하지만 이후 고양시는 서울시와 마찬가지로 '노점관리대책'을 본격적으로 추진한다. 고양시는 2008년 3월 28일 도로 점용 허가 및 점용료 등 징수 조례 개정을 확정하고, 기본적인 조례 몇 가지를 고쳐 '노점관리대책' 시행에 들어간다. 고양시는 장례식이 끝난 후 노점상 단체 간부들이 구속되고 수배된 틈을 타 노점관리대책을 적극적으로 받아들이라고 노점상을 압박했다. 장례 과정을 주도한 노점상 단체에서 상인들을 탈퇴시키고 별도 조직한 '길벗 상인회'를 통해 실태조사에 참여하게 했다. 서울에서 시작된 '노점관리대책'은 광명시 등 경기도를 넘어 전국적으로 전개되었다. 나를 포함한 노점상 단체 관계자 6명은 기나긴 수배생활 끝에 실형을 선고받았다.

노무현 정부 때의 이근재 열사 이야기는 여전히 많은 사람의 공분을 산다. 빈부의 차이는 해소되지 못했고 많은 사람이 불안정한 주거 환경에서 생계를 유지해야 했다. 이근재 열사 투쟁은 노점상 단속 반대라는 같은 요구를 가진 사람들의 집단적인 저항이었고 노점상 대중의 자발적 싸움이었으며 노점상 단체 활동가의 희생으로 치러졌다. 많은 시민들도 여기에 지지를 보냈다. 누군가는 그날의 저항이 '패배'했다고 주장한다. 하지만 이근재 열사의 죽음은 이후 전개된 노점관리대책의 기만적인 내용을 널리 알렸다. 처음부터 노점관리대책을 일방적으로 받아들이고 순응했다면 지금보다 더 많은 상인이 삶의 현장에서 소리 소문 없이 사라졌을지도 모를 일이다. 죽음을 선택한 한 노점상의 암울했던 생애는 또 다른 노점상의 삶에 영향을 미치며 길게 이어지고 있다. 우리가 그를 열사라고 부르는 이유다.

7.
2017년 삼양동
갈치 노점상 박단순

노점상 박단순 씨 이야기를 하기 전에 또 다른 죽음들을
살펴보려고 한다.

1996년 부산 해운대해수욕장 근처에서 노점을 하던
이동재 씨 분신 사건은 막 열린 '인터넷 시대'에 의해 빠
르게 공유됐다. 하반신 마비로 휠체어를 사용하는 장애
인이던 그가 분신했다는 소식은 신문 기사보다 빨리 노
점상 단체에 도착했고 활동가들은 급히 부산으로 가 사
건에 관여했다. 노점상 단체는 이를 계기로 해운대해수
욕장과 광안리해수욕장, 부산 사상구와 부산역 등을 중
심으로 노점상 조직화에 박차를 가했고 이후 울산, 대구

등 영남권 조직을 확대해 나갔다.

저항하다 유명을 달리하거나 거리에서 쓰러진 사람은 1997년 평택의 노점상 양승진 씨,[29] 1998년 종로5가의 장애인 노점상 전창옥 씨, 2002년 부산의 장애인 노점상 하재명 씨, 2005년 국회 앞마당에서 분신한 황효선 씨,[30] 2006년 인천시 부평구 지체장애 2급인 주수길 씨[31]로 이어진다. 생존권을 둘러싼 환경은 나아지지 않았고 죽음의 행렬이 이어졌으며 지금도 계속되고 있다. 이 책을 집필 중이던 2021년 11월에도 노량진 구舊 수산시장 상인 나세균 씨의 부고를 들었다.[32]

많은 사건의 공통점은 이들이 장애인 노점상이었고 저항의 방법으로 분신을 시도했다는 점이다. 한국 사회에서 생존권 문제로 희생되거나 죽음에 이르는 과정은 보통 다음과 같이 나타난다. 하나는 저항 주체의 역량이

29 인권운동사랑방, 《주간인권흐름》, 915호.

30 '국회서 분신한 황효선 씨 생존 확률 50%', 에이블뉴스, 2005. 8. 3.

31 홈리스행동 성명서, "인천시 부평구에서 용역깡패 폭력으로 장애인 노점상 사망", 2006. 7. 6.

32 나세균 열사와 관련한 이야기는 필자의 사진집 『노량진수산시장: 구시장 상인들의 생업과 투쟁』(눈빛, 2021) 참조.

준비되어 있지 않거나 역부족인 경우다. 이 싸움은 곧 소강상태로 잠잠해진다. 양승진 씨 사건은 경찰의 회유 끝에 유가족이 서둘러 장례를 치르며 정리됐다. 종로5가 전창옥 씨의 경우도 마찬가지였다. 이러한 사건들이 개별적, 우발적으로 발생하여 저항 주체와 결합하지 못하고 소멸하는 사례가 되었다.

2006년 6월 20일, 인천시 부평구에서 장사하던 지체장애 2급 주수길 씨의 경우도 그랬다. 주수길 씨는 부평공원 야시장 내 단속 과정에서 난투극 끝에 숨졌다. 오후 3시경 250여 명의 용역이 부평공원으로 몰려들었고, 이들은 부평경찰서 경찰관들이 현장에서 지켜보는 가운데 30분 넘게 20여 개의 노점을 철거했다. 이날 고용된 용역반 중에는 장애인들도 있었다. 장애인 용역이 장애인 노점상에게 폭력을 휘두르는 현실이 벌어진 것이다. 구청은 장애인 일자리 창출 명목으로 이들을 용역으로 고용했고, 일정한 수입이 없던 장애인들은 구청의 부름에 응했다. 이들 가운데 어떤 이는 자기도 한때 철거민이었고 노점상이었다고 고백했다. 먹고살기 위해 거리로 나온 장애인 노점상은 시민들이 지켜보는 가운데 장애인 용역과 싸워야 했다.

목격자는 주수길 씨가 "맥주병에 맞아 힘없이 쓰러졌다"라고 진술했다. 쓰러진 주수길 씨는 부평구청 맞은편 세림병원으로 이송됐지만 치료받지 못하고 집으로 돌아갔다. 그리고 다음날 시신으로 발견되었다. 의료진이 추정한 사망 시각이 대집행이 있던 날 저녁이었고 뇌진탕이 발견된 것으로 보아 이는 분명 용역과의 대치 때문에 일어난 일이었다. 결국 저항하는 장애인을 죽음의 길로 내몬 것이다. 용역과 노점상 모두 빈곤정책의 사각지대에서 생긴 폭력의 희생자다. 유가족 대표인 주수길 씨의 누나가 경찰 입회 아래 장례식을 치르기로 합의하면서 투쟁은 끝났다.

2005년 8월 국회의원회관에서 무자비한 노점 단속에 항의하며 분신한 장애인 노점상 황효선 씨의 이야기도 알아야 할 사건이다. 사람들이 달려갔을 때 그는 영등포 한강성심병원 중환자실에 온몸이 일그러진 채 누워 있었다. 그는 한국장애인문화협회 부천상담소 소장으로 1급 장애인이었고 부천 송내역 앞에서 도넛을 팔았다. 병원에 찾아온 기자들은 연신 질문하며 사진을 찍었다. 황효선 씨는 그동안 폭력 단속 때문에 죽지 못해 살았다고 이야기했다. 불편한 몸으로 탄원서를 들고 국회를 찾았지만, 국회의원들은 만나주지 않거나 해결 의지가 없었다. 한 시간 넘게 면담을 기다리다 급기야 국회의원회관에서 몸에 불을 붙인 것이다.

그의 분신이 있기 한 달 전에도 부천 북부역에서 장애인 노점상 부부가 동반 자살을 시도한 사건이 있었다. 7월 10일 새벽 3시경 150여 명의 용역반이 부천역으로 들이닥쳐 새벽 장사를 마치고 돌아가려는 포장마차를 단속했다. 장애인 비하와 욕설이 난무하는 가운데 노점상들은 아스팔트 위로 나동그라지며 한바탕 전쟁을 치렀다. 그리고 부천역 광장 한쪽 주차되어 있던 승용차에서 불길이 치솟았다. 언어장애인 노점상 부부가 승용차를 걸어 잠그고 석유를 부어 분신을 시도한 것이다. 검은 연기를 본 행인이 차 문을 부수고 가까스로 그들의 목숨을 구했다. 한 달 사이에 부천에서 장사하던 장애인 세 명이 분신을 시도한 것이다.

이러한 사건을 계기로 노점상 단체는 완강하게 투쟁하며 조직을 발전시켜 나갔다. 장애인 노점상 하재명 씨 사건에는 부산지역의 활동가들이 긴밀하게 결합했다. 탄압은 투쟁으로 이어지고 이는 자연스레 지역의 진보적 사회단체와 결합하여 부당한 정책과 정부에 대항하는 조직으로 이어졌다.

상처는 개인의 경험에서 끝나지 않는다. 극한에 내몰린 노점상이 마지막으로 선택한 저항, 자신의 몸에 불을 붙인다는 행위는 그 고통의 순도가 높아 많은 사람에게 전이된다. 저항으로 이어져 두고두고 기억되기도 한다. 기록의 끈을 계속 이어가는 것도 과거와 같은 일들이 반복되지 않게 하려는 노력이다.

이 시기 서울은 재개발, 재건축, 그리고 이 모든 것을 압도하는 뉴타운 사업을 현란하게 전개했다. 어린 시절 뛰어놀던 골목길도 헐리고 자고 나면 새 빌딩과 아파트로 빼곡히 들어찼다. 누군가는 들어오고 또 그만큼 누군가는 어디론가 떠났다. 서울에서 태어나고 자란 사람들은 고향이 없다고들 한다. 한때 서울 어딘가에 집 한 채 갖고 있던 사람조차 보금자리에서 내몰렸다. 개발은 집을 갖고 있던 사람이나 집 없이 세 들어 사는 사람이나 할 것 없이 삶의 기초를 위협했다.

* * *

　2017년 촛불을 든 시민들의 저항으로 정권이 교체되고 문재인 정부가 들어섰다. 본격적으로 초여름에 들어가기 시작하던 6월의 그날, 맑은 하늘에 갑자기 소나기가 쏟아졌다. 석계역 근처 노점상 정구준 씨로부터 연락이 왔다. 단속을 당하던 중 할머니 한 분이 쓰러졌다는 비보였다. 그는 1956년생 박단순 씨로 7남매 중 맏이였다. 22살이던 1978년 남편과 결혼하여 집안 살림을 도맡았고 전라도에서 소작농으로 일했지만 생계를 잇기 힘들어 1981년 상경했다. '이촌 향도'의 마지막 무렵이던 시기, 박단순 씨 가족은 이렇다 할 일자리를 구하지 못하고 변두리를 전전하게 된다. 그러다 1990년 강북구 삼양사거리에 정착해 본격적으로 장사를 시작했다. 대부분의 노점상처럼 그도 마지막으로 선택한 직업이었다.

　'삼각산 아래 양지바른 남쪽'이라는 뜻의 삼양동은 지방에서 올라온 많은 사람이 일찍이 터전으로 삼은 변두리 동네다. 2018년 고 박원순 서울시장이 가난 체험을 위해 삼양동 한 옥탑방에 임시 공관을 꾸린 일이 있다. 언론의 대대적인 주목을 받은 것은 물론이다. 지긋지긋한 가난이 '체험'의 대상이라니. 강북구 삼양동은 곧 가난한 사람들이 모여 사는 동네로 인식됐다.

박단순 씨의 죽음을 세상에 알린 사람은 친구 서원자 씨다. 그는 1970년부터 삼양시장 근처에서 장사하며 노점상 단체의 삼양지부장을 11년 동안 맡았던 사람이다. 서원자 씨에게 박단순 씨는 둘도 없는 친구이자 동료였다. 일흔이 넘었지만 함께 장사하던 옛 기억을 또렷이 간직하고 있다.

"박단순 씨를 만난 건 1990년 즈음이었어요. 같이 살다시피 했지요. 이곳 시장이 사라지고 상권이 근처 마트로 옮겨가도 단순 씨를 찾는 단골이 많았어요. 한마디로 참 좋은 사람이었지요. 지나가는 할머니들이 와서 쉬었다 가면 먹을 것을 나눠 먹고, 물도 나눠주고 인정이 많았고요. 그이에게 아들 둘이 있었지만, 생활이 어려웠어요. 남편은 술을 좋아해 오래전부터 병원에 입원해 있었습니다. 하지만 힘들다는 내색도 그리 하지 않았어요."

서원자 씨는 1980년대 단체가 조직되면서 강북지역
의 노점상으로 왕성하게 활동했다. 홀로 용역에 맞서 싸
우면서 붙은 별명이 '욕쟁이 할머니'였다. 가족을 위해
거리에서 뒹굴며 살았기에 어쩔 수 없었다. 그런데 언젠
가부터 삼양동 달동네로 올라가는 길목에 개발 바람이
불고 아파트가 들어서기 시작했다. 강북구청은 보도환
경을 개선한다며 노점상 강제 철거에 나섰다. 상인들은
하나둘 밀려났고 주변 상권이 점차 위축됐다. 박단순 씨
도 단속을 피해 여기저기 떠돌아다녔다. 그러다 삼양사
거리 근처 환경미화원 후생관에 양해를 구하고 계단에
걸터앉아 갈치를 팔기 시작했다.

"장사를 그만둘 때까지 단순 씨와 함께 지냈어요.
피 한 방울 섞이지 않았어도 가족 같았어요. 먹고살
기 바빠도 장사가 끝나면 소주 한 잔 기울이고 그랬
지요. 단순 씨가 쓰러진 그날은 무척 더웠어요. 장
사 자리에 놀러가 이야기하다가 잠시 다녀오니 구

143

2017년 노점상 박단순 씨의 죽음을 알린
서원자 할머니

청 용역이 와 있더라고요. 차를 대놓고 치우라고 막
소리치고 난리가 났어요. 알겠다고, 가겠다는 사람
에게 빨리 치우라고 얼음통을 발로 차고…. 단순 씨
가 '그러지 마라, 얼음 다 녹는다, 뚜껑을 덮어놔야
지'라면서 갈치 상자를 한쪽으로 치웠는데 그러자
마자 쓰러졌어요. 그리고 두 다리를 쭉 뻗고 누워
꿈쩍도 안 하더라고요. 부랴부랴 병원에 실려갔는
데 며칠 후에 허무하게 세상을 떠났어요."

서원자 씨는 고령의 노점상이다. 그리고 몸이 불편해
더 이상 장사를 하지 못한다. 하지만 그는 오랫동안 단체에서 활동한 사람으로 동료인 박단순 씨의 죽음을 목격하자 이 사건을 세상에 알리려 누구보다 노력했다. 이날 현장을 본 사람은 여럿이었다. 요구르트를 판매하는 김모 씨도 현장에서 이를 목격했다.

"우당탕 소리가 나서 고개를 돌려봤더니 단순 언니가 쓰러져 있었어요. 덩치 큰 사내가 쓰러진 언니 앞에서 뭘 흔들고 있더라고요. 언니 팔인 것 같아 놀라서 달려가 보니 언니 눈동자가 이상했습니다. 119를 불렀냐고 묻자 용역으로 보인 사람이 '불렀다'고 시큰둥하게 대답했고요. 급한 마음에 언니 가슴을 누르며 응급처치를 하려 했는데 누군가가 하지 말라고 말렸습니다. 119가 더럽게 안 오대요. 늦게나마 온 구급대원들이 언니 상태를 보더니 '사망'이라고 말했습니다. 언니는 이미 죽은 상태로 병원에 간 겁니다."[33]

33 '사람이 죽었는데 475만 원에 합의하자고', 뉴스앤조이, 2017. 6. 27.

2017년 6월 19일 강북구청에서 나온 단속반에게 단속 당하던 도중 쇼크로 인한 뇌출혈로 쓰러진 박단순 씨는 뇌사 판정을 받고 25일 오후 3시 30분경 생을 마감한다. 병원에 있던 노점상 김진학 씨에 따르면 강북구청에서 사람이 찾아왔다. 당시 박 씨가 입원해있던 중환자실에서 고인의 아들에게 "자네 나이가 몇 살인가? 어머니는?"이라고 물은 뒤 5분 후 자리를 떴다고 한다.

고인은 기초생활 수급자로 임대주택에서 살았다. 남편은 알코올중독으로 15년 전 정신병원에 입원해 매달 70만 원의 병원비를 대면서 홀로 두 아들을 키웠다. 게다가 친정어머니도 몸져누워 간호와 부양도 감당해야 했다. 한번 '가난의 나락'으로 떨어진 사람에게 비극은 밀물처럼 몰려오는 것인지도 모른다. 친정어머니는 박단순 씨보다 1년 먼저 돌아가셨고 그 또한 이승에서 버티지 못하고 떠났다.

6월 22일 서울 북부권의 시민사회단체와 여러 진보정당 그리고 노점상 단체가 모여 '강북구청 노점 살인 단속 진상 규명 및 책임자 처벌과 용역 깡패 해체를 위한 대책위원회'를 구성했다. 그리고 6월 26일 1차 결의대회를 강북구청에서 개최하며 농성에 돌입한다. 노점상 박단순 씨의 사건이 알려지자 전국민주노동조합총연맹, 전국농민회총연맹, 한국진보연대, 빈민해방실천연대, 빈곤사회연대, 용산 참사 진상 규명 및 재개발 제도 개선 위원회 등 여러 단체의 조문이 이어졌다. 대책위원회에 전국의 단체가 참여하며 더 확대되었고 6월 27일 기자회견을 개최한다. 서울 도봉구 한일병원 장례식장 2호실에 상황실을 마련하고 '사과와 진상규명, 책임자 처벌, 노점상에 대한 폭력적인 단속 중단, 용역 깡패 해체'를 요구한다.

그러자 6월 29일 강북구청은 "강압적 행위는 없었다. 매뉴얼대로 했기 때문에 법적 책임이 없다"라는 입장을 내놓는다. 다음 날 강북구청 관계자들이 찾아와 가족들에게 병원비와 장례비, 위로금이라며 475만 원을 내밀었다. 이에 대해 빈곤사회연대 활동가 김윤영 씨는 "보상금 475만 원은 특별한 액수가 아니"라며 "기초생활보장 수급자면 누구나 받을 수 있는 긴급 의료급여와 장제급여, 위로금 300만 원으로 구성된 액수다. 유가족을 기만하고 사건을 덮으려는 것"이라고 주장했다.

6월 30일 2차 결의대회가 열렸다. 이날 노점상 단체는 민주노총의 '사회적 총파업'에 참여해 노동자들을 상대로 노점상의 억울한 죽음을 알리고 모금을 진행했다. 3차 결의대회인 7월 5일에는 청와대 앞으로 갔다. 노점상의 죽음을 야기하는 문제들을 성토하며 정부를 규탄하고 항의서한을 전달했다. 폭염 속에서도 매일 구청 앞에서 촛불집회와 일인 시위가 전개되었다.

7월 12일에는 고인의 장사 현장인 삼양동사거리 강북구 보훈회관 앞에서 강북구청까지 행진했다. 소복을 입은 50여 명이 4km가 넘는 거리를 행진하고 그 뒤를 2,000여 명의 시위대가 따랐다. 사태가 커지자 7월 14일 오전 박겸수 강북구청장이 고인의 장례식장을 찾아와 조문하고 유가족에게 사과하며 유가족과 대책위의 요구 조건에 합의하기에 이른다. 같은 날 오후 7시 어두워질 무렵 강북구청 앞 서원자 씨는 고인과 함께했던 시간과 억울한 죽음을 떠올리며 눈시울을 붉혔다. 마침내 박단순 열사의 영결식이 열리고 사건은 종결된다. 지금도 박단순 열사와 서원자 씨의 고단했던 삶과 죽음을 자주 떠올린다. 그것이 살아남은 자의 도리가 아닐까.

* * *

열사의 기일이 다가오면 양연수 씨로부터 연락이 온다.

"올해 추모제는 어떻게 지낼 예정이냐?"

"코로나 때문에 간략하게 진행될 것 같아요."

"알았다."

양연수 씨는 칠순이 넘은 나이에도 주요 행사 일정을 묻고 직접 챙긴다. 아마도 그의 인생에 이러한 사건을 둘러싼 고비가 많았고 이를 함께 넘겼기 때문인 것 같다. 그는 지금도 청계천 8가에서 중고자전거를 판다. 무뚝뚝하고 한 번도 값을 깎아주는 일이 없지만, 자전거 수리를 핑계로 그를 찾아가 이러저러한 이야기를 듣곤 한다. 그는 자전거를 부지런히 고치면서도 잊힐 법한 이야기를 쉴 새 없이 들려준다. 그는 열사는 '삶의 길을 찾다가 희생된 사람'이라고 말했다.

양연수 씨와 나는 이명박 서울시장의 청계천 복원공사 기간에 벌어진 노점상 저항을 둘러싸고 심각한 마찰을 빚었다. 2002년 한일월드컵 경기를 앞두고 서울시

전역에 단속이 전개되었고, 8월 23일 청계천 세운상가 근처에서 공구를 팔던 노점상 박봉규 씨가 분신 사망하는 사건이 발생했다. 노점상 박봉규 씨는 빼앗긴 마차를 찾으러 중구청에 갔다가 격분하여 이명박 서울시장에게 보내는 유서를 남긴 채 몸에 휘발유를 붓고 불을 붙였다. 그는 전신 3도, 80%의 화상을 입고 영등포 한강성심병원 중환자실에 입원했지만, 결국 9월에 숨을 거뒀다. 이명박 서울시장의 청계천 복원공사는 이러한 사건들을 겪으며 추진되었고 노점상 문제와 관련한 다양한 대응이 제출됐다.

양연수 씨는 한양대학교 근처 고수부지에 안정적인 이주 단지를 조성할 것을 서울시에 요청했다. 반면, 당시 노점상 단체는 황학동 주변 '현 자리 사수'를 주장했다. 청계천이 복원되어도 청계천 7가와 8가 주변 노점상은 같은 자리에서 계속 장사를 이어가야 한다는 생각이었다. 이러한 문제로 내가 소속되어 있던 노점상 단체와 양연수 씨 사이에 갈등이 생겼고 거리를 두며 한동안 만나지 않게 되었다. 2003년 12월 26일 동대문운동장을 세계적인 풍물시장으로 만들어 주겠다는 서울시의 약속

을 받고 노점상 1,000여 명이 동대문운동장 축구장 부지
로 이전하지만, 3년도 안 되어 오세훈 서울시장이 축구
장 부지 상인들과 주변 상인들까지 강제 퇴거시킨다.[34]

양연수 씨를 높이 평가하는 이유에는 알려지지 않은
사건이 있다. 2008년 3월 28일 노인근, 김민걸 씨와 함
께 동대문운동장 조명탑에 올라가 공원화 사업 반대 농
성을 전개한 사건이다. 30m가량의 탑 위에서 고공농성
을 벌인 이들은 오세훈 시장이 임기 내 업적을 만들기
위해 사업을 무리하게 밀어붙인다고 주장했다.[35] 김민걸
씨는 당시 상황을 이렇게 회상했다.

"처음 제안은 양연수 씨가 했습니다. 조명탑에 오
르기 보름 전 청계천 신발 상가에 있는 사무실에서
요. 농성장이라 해봤자 한 평도 되지 않는 공간에
작은 종이박스를 조명탑 철제 난간에 깔고, 그 위

34 청계천 복원과 노점상 대책 관련해서는 『청계천 사람들, 삶과 투쟁의 공간
    으로서의 청계천』(리슨투더시티, 2018)과 『동대문디자인파크의 은폐된 역사와
    스타 건축가』(리슨투더시티, 2013)를 참조.

35 "오세훈 시장 업적 위해 우리가 죽어야 하나", 프레시안, 2008. 3. 21.

에 비닐 천막을 둘러 추위를 막았어요. 봄이라고 하긴 아직 이른 계절인데도 경찰은 담요를 올려 보내지 못하게 막았어요. 비와 바람을 온전히 맞을 수밖에 없었지요. 그나마 밑에서 동료들이 하루 세 끼 식사를 만들어 올려 줬어요. 저녁에는 추워서 잠을 잘 수 없었습니다. 주변 쇼핑몰에서 새벽까지 음악을 틀어대서 더 그랬고요. 그리고 워낙 위험한 상황이라 돌아가며 조금씩 눈을 붙였답니다. 우리는 아침 8시부터 확성기로 출근길 시민을 상대로 선전전을 벌였습니다. 한번은 경찰이 농성하는 곳을 침탈하려고 올라오는 것을 보고 휴대용 가스에 불을 붙여 방어하기도 했어요. 용변은 검정 봉투와 페인트 통에 봐서 아래로 내려 보냈습니다."

지금도 동대문디자인플라자 옆에는 조명탑이 서 있다. 그 탑만이 이곳이 한때 동대문운동장이었다는 걸 상기시켜 주는 것 같다. 조명탑에 현수막을 걸고 생존권 보장을 요구하던 농성자들은 약 20일을 견딘 끝에 내려왔다. 고공농성을 주도했던 김민걸 씨는 보관하고 있던 당시의 유인물을 보여주었다.

"오세훈 시장은 취임 뒤 동대문운동장을 허물고 그 자리에 '세계적인 디자인센터를 짓겠다'라고 공언해왔어요. 100여 년 동안 한국 근대 체육계의 산실이던 동대문운동장을 없애려 하면서도 사전 설명이나 동의를 구하는 과정은 전혀 없었죠. 노점상뿐만 아니라 문화계, 체육계 등 각계에서 일제히 반대 목소리를 냈습니다. 우리는 한양성곽 복원 취지에 맞게 경관을 해치지 말고 동대문운동장을 리모델링하자고 주장했습니다. 그러면 건축 비용도 거의 들지 않을 테고요. 문화와 역사적 가치를 보존하면서 풍물시장을 조성하자는 제안이었어요."

동대문 축구장 노점상들은 동대문구 제기동 옛 숭신여중 부지로 강제 이주 당했지만, 농성에 참여한 사람들은 청계천 삼일아파트 근처에서 노점상을 하고 있다.[36]

---

36   동대문운동장 및 청계천 노점상의 저항과 관련해선 3장에서 자세히 다룬다.

그리고 동묘 일대에는 지금도 전국 최대 규모의 노점상 난장이 펼쳐진다. 자전거를 고치고 돌아오는 길에 다시 추모追慕라는 말을 떠올렸다. 이 말엔 추억하고 기린다는 뜻과 더불어 마음과 정신으로 '사모'한다는 뜻이 있다. 따르고 계승한다는 실천적인 의미도 있다. 점 하나하나가 모여 선으로 이어지듯 민주주의의 개념을 확장하고 사회권 일반으로 확대하기 위해선 누군가 길을 닦고 또 누군가는 그 길을 계속 걸어야 하는 것 아닐까.

　양연수 씨가 기름때가 잔뜩 낀 손으로 어서 가라고 손짓한다. 무뚝뚝한 사람이 술기운인지 오랜만에 살갑게 웃는다. 반쯤 잘려나간 건물 사이로 햇살이 길게 늘어지고 사람들이 바쁘게 오간다.

3장

나쁜 사람에게는 맵고, 착한 사람에게는 달콤하게

노점상 단체의 상근활동가는 모두 7명이다. 영남권에도 2명의 활동가가 일한다. 월요일에는 30분 일찍 출근해 사무실을 청소한다. 식사 준비와 청소에는 위원장과 실무자가 따로 없다. 보통 김치찌개가 주 메뉴다. 전통시장 주변에서 장사하는 상인들이 김치와 젓갈 등을 보내주어 밑반찬은 사시사철 푸짐한 편이다. '가난하지만 먹는 건 부자'라는 말이 이들에게 해당하는 말일 테다.

식사를 마치면 주간회의를 한다. 우선 재정 사항을 살펴보고 조직과 연대, 정책과 교육, 문화 등 부서별 보고가 끝나면 본격적인 안건으로 넘어간다. 첫 번째로 지난

주에 있었던 사건들을 점검한다. 회원은 전국 곳곳에 있고 다 언급하기 어려울 정도로 다양한 사건들이 생긴다. 중요하다고 판단되는 단속 사건은 즉각 대응한다. 우선 해당 지자체에 면담을 요청하거나 기자회견을 열어 단속 문제를 여론화하기 위해 노력한다. 이러한 노력이 큰 영향을 미치지 않으면 경찰서에 집회신고를 한 후 집회를 개최해 강력히 문제 제기하는 방식으로 나아간다. 최근 주요 안건은 '노점상 생계 보호를 위한 특별법' 추진 사업이다. 자체 제작한 동영상으로 회원을 교육하고 단체 중앙의 교육자가 번갈아가며 강의도 한다.

소위 '노점상 빈민 운동가'들은 몇 가지 부류로 나뉜다. 첫 번째는 거리에서 장사하며 단속에 시달리다 차츰 사회적 모순을 체험한 사람으로, 노점상 단체 활동에 뜻을 두고 상근하게 된 경우다. 두 번째는 학생운동을 하며 빈민-학생 연대 활동을 하다가 졸업 후 단체에 정착한 이들이다. 이들 가운데 일부는 단체 활동과 노점상 생활을 병행하며 필사의 노력을 하고 있다. 단체 상근 활동비가 최저임금 수준이라 생계를 유지하려면 어쩔 수 없다. 노점상이든 단체 활동가든 생존권을 중심으로 운동적 실천과 만났으니 우리를 구분하는 게 별로 중요하지 않은 것 같다.

나는 노동운동을 하던 중 국가보안법으로 구속되어 더 이상 현장에서 일하지 못하고 빈민 운동을 시작한 케이스다. 나도 단체 활동과 병행해 몇 차례 노점상을 연 적이 있다. 1997년 상계동 백병원 근처 주차장에서 포장마차를 운영하다 행정대집행을 크게 당하기도 했고, 2003년엔 동묘앞역에서 떡볶이를 팔다가 신통치 않아 장사를 접기도 했다. 그때마다 부끄럽게도 두 가지 일을 같이 할 수 없다고 변명하게 되었다. 그런데 노점상 단체에서 일하다 보면 종종 사정을 모르는 이들이 오해를 한다. 단체 활동가들이 노점 몇 개쯤 차지하고 있는 줄 안다. 노점을 열어야 할 형편이라고 사정하거나 대뜸 자리 하나 알아봐 달라고 하기도 한다. 자리가 있으면 내가 했지 하며 넘어가려 해도 '얼마면 되겠냐'라고 묻는다. 이럴 때 참 난감하다. 거리에서 장사하는 건 매우 힘든 일이다. 특히 단체 활동가가 몇 개의 자리를 차지해 장사하는 일은 있을 수 없다. 노점상 단체 중앙에서 일하는 사람으로서 도덕적으로도 있어선 안 될 일이다.

노점상 단체에서 오래 활동하다 보면 '노점상'이라는 단어에 매우 민감해진다. 낯선 거리에서도 상인들을 관찰하게 되고, 뉴스에 노점상이라는 말이 나오면 긴장한다. 드라마나 영화에 노점상이 등장하면 더 관심 있게 본다. 사람의 인식 과정은 내 존재에서 출발하고, 선 자리가 다르면 풍경도 달라진다고 하던가. 이 장에선 노점상을 바라보는 다양한 사회적 시선, 여러 분야에서 노점상이 어떻게 비춰지는지 살펴보려 했다.

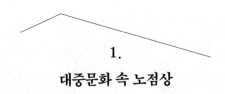

1.
대중문화 속 노점상

주홍색 포장마차의 추억:
〈지하철 1호선〉과 노점상

포장마차는 언제 생겼을까? 여러 가지 설이 있지만, 포장을 치고 잔술과 함께 어묵이나 은행구이, 참새구이 등을 본격적으로 팔기 시작한 건 일제강점기로 추정된다. 일찍이 찰리 채플린의 무성영화 〈개 같은 인생〉(1918)에 물건을 파는 포장마차가 등장하고, 서부극의 대명사인 존 포드 감독의 〈역마차〉(1939)가 소개된 이후 '말이 끄는 차'가 아닌데도 '포장마차'라 부르기 시작했다는

1969년 청계천 포장마차/ 노무라 모토유키

설도 있다. 일본에선 도쿄의 전신인 에도시대에 이미 포
장마차가 생긴 것으로 전해진다. 튀김과 초밥을 사 먹을
수 있는 거리 식당이 크게 번성했고, 그것이 지금의 '야
타이'라는 포장마차로 남아 있다. 후쿠오카의 포장마차
촌은 유명 관광지로 손꼽힐 정도다.[37]

'포장을 씌워 만든 이동식 간이주점'이라는 정의로는
포장마차를 다 설명하지 못한다. 황평우 한국문화유산
정책연구소 소장에 따르면 이미 한국의 난전이 형성되

---

37   '[박찬일 셰프의 맛있는 미학] 포장마차', 경향신문, 2015. 11. 12.

던 조선 후기에 하얀색 포장을 치며 전을 팔았다고 한다. 마차에 포장을 치고 가운데 화덕을 설치해 장사하다가 단속이 나오면 이동했다는 것인데 이는 포장마차가 오래전부터 우리 문화였다는 뜻이다. 세월이 흐르며 포장마차는 변신을 거쳤다. 지금은 주로 차량을 개조해 조리대를 올려놓고 음식을 파는 방식이다. 트럭은 자바라와 테이블, 의자와 조리기구 등 노점 물품 운반에 이용하고 도로에 조리대를 별도로 설치하는 방식으로 운영하기도 한다. 최근 거리에서 쉽게 발견되는 푸드카와 박스형 노점은 포장마차가 변화를 거듭한 끝에 정착한 형태다.

1980년대 초반 종로3가 전철역 주변에는 많은 포장마차가 있었다. 당시 포장마차 천막은 주로 주홍색이었다. 주홍색이 음식을 더욱 먹음직스럽게 만들어 준다고 믿었기 때문이다. 아직 전기 사용이 흔치 않던 시절이었고 네온간판을 규제하는 법이 있어 밤이 되면 종로 거리가 캄캄했는데 '카바이드 등'[38]을 켜고 줄지어 선 노점 덕분

---

38 과거 전기 사용이 어려운 야외에서 널리 쓰이던 간이 조명. 탄화칼슘(칼슘카

에 불야성이 이뤄졌다. 떡볶이와 어묵을 파는 노점 사이 카세트테이프를 파는 마차에서 최신 디스코 음악이 흘러나오며 종로 거리는 한껏 활력에 넘쳤다. 지금은 사라진 단성사 앞에는 쥐포와 오징어, 땅콩을 팔던 작은 포장마차가 있었는데 거기서 영화 할인권도 함께 팔았다.

고등학교 2학년이던 1983년 여름 시험을 끝내고 종로3가 피카디리 극장 앞에서 우산을 쓰고 친구들을 기다리는데 처음으로 단속을 목격했다. 팔뚝에 노란 완장을 찬 단속반이 트럭 위에서 뛰어내려 포장마차를 마구잡이로 끌어내 일거에 회수했다. 노점상은 마차를 빼앗기지 않으려고 울부짖으며 필사적으로 매달렸다. 빨간 떡볶이 국물이 핏물처럼 거리에 흩어지고 그 위로 장맛비가 쏟아져 내렸다. 군부정권의 폭압에 시달리던 시절, 노점 단속도 군사작전을 방불케 했다. 일상을 깨뜨리는 소란에 잠시 사람들이 모여들다가 곧 흩어지는 낯선 모습이 실제가 아닌 영화의 한 장면 같았다. 이를 본 누군

바이드)과 물을 깡통에 넣고 여기서 나오는 아세틸렌가스에 불을 붙여 밝은 불빛을 내는 방식이라 '카바이드 등'이라 불렸다.

가는 나처럼 여운이 오래 남아 삶에 큰 영향을 미쳤을지
도 모른다.

"1989년 7월 20일 오후 4시 서울 명동. 노점상 철
거 반대시위에 참가한 한 아낙이 저지하는 경찰과
부딪치자 겁에 질려 우는 두 딸이 다칠세라 힘껏 감
싸 안고 있다. 서울에 처음으로 본격적인 장마가 시
작된 이날, 간간이 비가 흩뿌리는 가운데 노점상 2
천5백여 명은 동국대에서 명동으로 그리고 명동성
당으로 쫓겨 가며 항의의 목소리를 터뜨렸다. 이달
들어 전국 각지에서 본격화된 공무원·경찰의 대
대적인 철거 소용돌이 속에서 장맛비까지 겹치자
노점상 가족들의 시름은 더욱 깊어가고 있다."[39]

언론에 보도된 노점상 단속 기사다. 아시안 게임과 올
림픽 등 국제적인 행사를 치른 서울시는 곳곳에서 전쟁
치르듯 막무가내 단속을 전개했다. 1990년대 초 종로에

---

39   '빗속 항의… 울며 쫓기는 노점상 가족', 한겨레, 1989. 7. 21.

서 갓난아기가 잠들어 있는 걸 모르고 단속반이 마차를 뒤집어 뜨거운 국물에 아기가 다치는 등 무리한 단속은 상인들을 분노케 하고 결집하게 했다.

서울 거리엔 어린아이를 맡길 곳 없어 아이를 데리고 나와 장사하는 노점상이 많았다. 아이가 다칠까 봐 손수레 끈에 묶어둔 모습도 쉽게 눈에 띄었다. 거대한 콘크리트 건물로 빼곡히 들어선 도시, 그 틈 사이사이 자리 잡고 있던 포장마차는 서민들과 떼려야 뗄 수 없는 장소였다. 그래서 포장마차는 드라마와 영화, 연극에도 종종 등장한다.

1994년 대학로 '학전'에서 초연한 김민기 연출작 〈지하철 1호선〉에는 포장마차 욕쟁이 할머니가 나온다. 힘겹게 살아오는 이들의 고단한 삶을 보여주는 이 연극에 노점상 할머니를 비롯해 순진한 연변 처녀, 성매매 여성, 학생운동 출신의 운동가, 이주노동자 등 낮은 곳에서 소외당하는 이들이 등장한다. 노점상 '곰보할매'와 함께 단속에 맞서 함께 싸우던 사람들은 주인공 '걸레'가 유명을 달리하자 그의 장례식을 치르며 비탄에 빠진다. 하지만 이들의 비루한 삶은 용기를 잃지 않고 더욱 견고해진다. 한국 사회를 풍자하며 초연 이래 최근까지도 수많은 관객의 눈물과 웃음을 자아낸 〈지하철 1호선〉은 한국을 대표하는 뮤지컬이 되었다.

낭만적이지만은 않은 포장마차:
영화와 드라마 속 노점상

노동자의 한숨부터 연인의 사랑 고백까지 다양한 세상살이의 배경으로 두루 잘 어울리는 장소가 포장마차가 아닐까 한다. 정우성이 출연한 영화 〈비트〉(1997)에도 포장마차가 나온다. 암울하게 살던 주인공이 포장마차를 열고 새 출발을 하지만 현실의 벽은 높다. 들이닥친 단속반의 강제 철거에 이성을 잃은 친구가 칼을 휘두르고, 주인공은 구속된 친구를 위해 폭력 조직에 가담한다. 정우성의 다른 영화 〈내 머리 속의 지우개〉(2004) 중 포장마차 장면도 유명하다. 철수는 어느 날 저녁 포장마차에서 수진에게 고백한다. "이거 마시면 우리 사귀는 거다." "안 마시면?" "볼일 없는 거지. 죽을 때까지." 동시에 잔을 들어 소주를 털어 넣은 이들은 결혼에 이르지만 수진이 점차 기억을 잃는 병에 걸린다. 철수는 모든 것을 보듬고 인내하지만, 수진은 점점 철수를 망각하고 이들의 삶에 위기가 닥친다.

드라마 〈응답하라 1988〉(2015)에도 포장마차가 종종 등장했다. 하루의 노동을 달래는 한잔 술을 걸치고 집으로 돌아가는 가장의 고단한 뒷모습, 막 시작한 연인들의 달달한 속삭임도 골목길 포장마차 안에 있다. 가족과 이웃의 이야기를 풀어놓을 사랑방 노릇도 포장마차가 맡는다. 〈동백꽃 필 무렵〉(2019)의 주인공 동백과 용식은 석양이 저물어가는 바닷가 포장마차에서 가락국수를 나눠 먹으며 사랑을 꽃피운다. "나는 다 없어도 동백 씨 하나면 돼요"라며 옥신각신할 때도 포장마차고, 집 앞에서 치매 걸린 엄마와 매운 떡볶이를 나눠 먹는 곳도 포장마차다. 이렇게 영화와 드라마 속 포장마차는 사랑과 우정, 때로는 실연과 불안한 미래를 다독이는 배경이 된다.

박홍준 감독의 영화 〈소년 마부〉(2009)를 특히 소개하고 싶다. 고등학생인 주인공의 아버지는 노점 단속을 당하던 도중 분신을 시도해 입원 중이다. 주인공은 작은 떡볶이 포장마차를 아버지 대신 운영하게 된다. 하지만 잠시 자리를 비운 사이 포장마차는 철거되고 구청 민원실을 드나드는 참담한 일상을 보낸다. 1961년에 만들어진 강대진 감독의 〈마부〉처럼 이 시대 서민의 삶도 녹록지 않음을 젊은 감독은 덤덤한 시선으로 보여준다. 〈소년 마부〉의 주인공은 결코 꿈을 잃지 않는다. 이 영화가 상영되던 2009년은 청년실업률이 높아지고 뉴타운 재개발로 곳곳이 파헤쳐지던 시절이었다. 그리고 잇단 단속으로 노점상은 숨 쉴 틈이 없었다. 노점상을 도시 속 풍물과 더불어 낭만적 시각으로만 보지 않았다는 점에서 좋은 작품이다.

〈왕십리 김종분〉(2021)은 노점상을 다룬 결정적 다큐멘터리다. '왕십리 김종분'은 김귀정 열사의 어머니다. 1991년 강경대 열사에서 시작된 열사 정국은 노태우 정권의 불의에 저항하며 11명의 청춘이 산화한 슬픈 역사다. 성균관대 학생이던 김귀정 열사는 공안 통치 종식을 위한 범국민대회에 참가했고 시위 도중 대한극장 맞은편 막다른 골목으로 몰렸다. 그리고 경찰의 최루탄 세례와 무차별 구타 끝에 사망했다.

카메라는 여든이 훌쩍 넘은 김종분 님의 일거수일투족을 잔잔히 담아낸다. 열사의 어머니는 행당동 시장 근처에서 노점을 하며 자녀를 키웠다. 김종분 님의 노점은 이웃들이 모이는 사랑방이었고, 돈 없는 이들에게 선뜻 외상을 내어주는 곳이었다. 하지만 구청의 단속으로 철거당한 것만 다섯 번에 이른다고 한다. 10여 년 전, 여행을 가려던 날에도 구청 직원들이 천막을 철거하는 바람에 비행기를 놓칠까 봐 발을 동동 구른 적도 있다. 눈이 내리는 거리에서 하루의 장사를 정리하는 김종분 님의 모습은 우리네 노점상의 평범한 일상이다. 한때 노점상

영화 〈왕십리 김종분〉에 출연한 김귀정 열사의 어머니. 2022년.

단체의 회원이시기도 했던 김귀정 열사의 어머니 김종분 님을 스크린으로 다시 만난 건 커다란 기쁨이었다.

고단한 생에 바치는 헌시:
시인이 본 노점상

비시非時적인 삶들을 위한 편파적인 노래[40]

어떤 그럴듯한 표현으로 당신을 그려줄까
13년 동안 밀가루값 가스값 빼면
이제 100원 벌었고 200원 벌었고 300원 벌었고를
헤아리면
변함없이 붕어빵만 구웠을 당신의 무미건조한 삶을
당신의 옆에서 또 그렇게 순대를 썰고 떡볶이를 팔던
당신의 아내를

---

40 "한 붕어빵 아저씨의 죽음 앞에서…", 프레시안, 2007. 10. 16. https://www.pressian.com/pages/articles/85961#0DKU

어떤 그럴듯한 은유로 그날을 보여줄까

2007년 10월 11일 오후 2시 고양시 주엽역 태영프

라자 앞

트럭을 타고 갑자기 들이닥친 300여 명의 용역깡

패들과 구청직원들에게

붕어틀이 부서지고 가판이 조각나고

조각난 리어카라도 지키려다

부부가 길바닥에서 얻어터지며 울부짖던 날을

어떤 아름다운 수사로 그 밤을 형상화해 줄까

잘난 것 없는 죄, 못 배운 죄 억울해

붕어빵 순대 떡볶이 팔아 대학공부시키는

자식들 마음 아플까 봐 몰래 숨죽여 울며

무엇을 잘못했는지도 모른 채

여보, 미안해 여보, 미안해 사죄하며

부르튼 아내 손 꼭 잡은 채 잠들지 못했다는 그 밤

을

(하략)

송경동 시인의 '비시적인 삶들을 위한 편파적인 노래'라는 시다. 그는 이 시 앞에 "붕어빵 아저씨 고 이근재 선생님 영전에" 드린다고 덧붙였다. 송경동 시인은 노동자와 도시 빈민의 현장에 밀접하게 연대하며 이들의 삶을 시로 승화한다. 그의 시는 고단한 생애 끝자락에서 삶을 지탱하다 그 끈마저 놓쳐버린 사람들에게 보내는 가슴 아픈 헌시다.

그곳에 가고 싶다[41]

종로 3가 탑골공원 깊숙한 모퉁이에
샘물 하나 있었으면 좋겠다.
맑은 물 퐁퐁 솟아
이끼 낀 돌담 사이를 적셔 주고
작은 도랑 이루며
손바닥만한 표주박으로
물 한잔 퍼 담아

---

41   최인기, 『그곳에 사람이 있다』, 나름북스, 2016, 18쪽.

타는 갈증 적셔 주면 더욱 좋겠다

하나 둘 가로등 불 밝히면
낙원상가 길모퉁이 돌아
맑은 샘물 같은 포장마차 있어
낯설거나 말거나
어묵 국물에 소주잔 기울이며
주거니 받거니 넋두리를 나눠 가져도
알싸하니 뒤끝 씻어주는 정겨움
훈훈한 인심 퍼주는 곳 있어
나는 참 좋다

　위 시는 내 자작시다. 2007년 종로 대로변과 인사동 노점상이 집중 단속으로 탑골공원 혹은 관철동 쪽 이면 도로로 밀려나기 시작했을 때 썼다. 2021년 종로의 노점상은 다시 관철동 '젊음의 거리' 활성화를 위해 노력하고 있다. 과거처럼 북적이는 상권을 만들어야 사람이 모이고, 그래야 상가도 살고 노점상도 산다는 것이다. 요즘 트렌드인 '레트로' 분위기에 맞춰 예전 종로의 명성을 되찾기 위해 몸부림치지만 이들에게 돌아오는 건 여전히 단속뿐이다. 세상의 많은 것이 변했어도 노점상을 적대시하는 행정만은 변하지 않은 셈이다.

길[42]

깜깜한 파장아래
한 무더기의 삶
떨이를 외쳐 보았는가

오가는 무심한 눈 길 속에
누더기 같은 하루
꿰매어 보았는가

수은등 희미한 그림자 아래
주섬주섬 주워 담는 하루
담아 보았는가

---

42 김영철, 『길에서 부르는 노래』, 풀무질, 2006.

돌아가야만 하는 그길

한번이라도

뒤돌아본 적 있는가

　위의 시는 동작구에서 족발을 팔며 틈틈이 시를 쓰는
노점상 김영철 시인의 시다. 그는 가난한 농부의 아들로
태어나 공장 노동자로 생활하다 빚보증을 잘못 서 하루
아침에 거리에 나앉았다. 그때부터 장사를 시작했고 길
에서 먹고사는 사는 일의 고통을 시로 승화시켜 시집을
발간한다. 그는 쫓겨 다니는 길바닥 삶의 모습을 시로
그렸다. 이 밖에도 『없는 사람 살기에는 뜨신 날이 좋은
데』의 김철봉 시인과 오랫동안 청량리 경동시장에서 장
사하며 시를 쓰는 홍정자 할머니가 계신다. 그리고 여수
에서 틈틈이 시를 쓰는 노점상 유해봉 시인도 빠뜨릴 수
없다.

노점연가[43]

여린 새벽녘 장에 좌판 펴놓고

눈 흘긴 사람 꽃 웃음으로

아제 마 아제 마 이것 좀 이것 좀 보고 가시오

한 대야 한 대야 3천 원 3천 원

두 대야 두 대야 5천 원이오

대야에 대야에 담긴 젊은 색시가

예쁜 옷 차려입고서 손짓한다

가만 있거라 가만 있거라

5인 밥상 머리에 이고 촐래촐래

곡예하듯 사람 사이를 비집고 보일 때쯤

초새벽에 이 비웠던 곡소리 나는 뱃속은

---

43 '민중시인을 꿈꾸는 노점상, 유해봉 여수준비위원장', 《당당하게》 20호, 민
    주노점상전국연합.

중천이 돼서야 잠잠해진다

검은 덩치 여나무 명 나이 많은 할머니들 틈에서
대야 슬쩍 슬쩍 발로 찬다
저 덩치들은 아마도
엄마가 없는가 봐
아부지가 없는가 봐

하늘에서 쫓겨난 자들인가 봐
그럼
개자식이네

2.

언론에 비춰진 노점상

"노점상의 형태는 해가 지날수록 더욱더 진화하고 다양해진다. 출처를 알 수 없는 재료들, 차량을 이용한 노점상 및 천막을 활용한 노점상 등 도로와 인도의 경계를 넘나들며 보행자와 운전자의 안전을 늘 위협한다. 모든 단속 업무가 그렇듯 사회의 악습과도 같은 불법행위를 완벽하게 뿌리 뽑기란 쉽지 않다. 전국적인 노점상의 개체 수보다 단속 인력은 턱없이 부족한 게 현실이며, 단속 시 비일비재하게 이뤄지는 비협조적인 태도, 폭언 등 극단적 상황에서는 물리적 충돌도 감수해야 한다."[44]

노점상에 적대적인 기사의 일부다. 물론 대별되는 인식도 있다.

> "지금은 다른 노점을 갈취하는 기업형 노점상, TV 프로인 '생활의 달인'에 나오는 명물 노점상, 재래시장에서 직접 생산한 농산물이나 산에서 캔 나물들을 파는 할머니, 수십 년간 평생을 모아서 기부를 하는 노점상 등 특정 몇 가지 이미지로만 고정되어 있다. 게다가 그 이미지들은 대단히 수동적인 존재로 묘사된다. 거리에서 장사를 하는 것부터가 투쟁인 노점상들은 생존권을 지키기 위한 투쟁과 더 나은 사회를 만들기 위한 투쟁을 하는 역사의 주인이자 변화의 주체인 민중이란 점을 기억해줬으면 한다."[45]

언론의 태도와 관련해 연구자들은 "노점 공간의 주체

---

44 '불법 노점상을 보이콧하자', 충북일보, 2019. 2. 14.

45 박정환, '[도시의 빛과 그림자] 민중항쟁과 함께해온 노점상', 민플러스, 2017. 5. 19.

를 정부, 소비적 주체로서 시민, 합법 노점상 등으로 인식하여 각 도시마다 경쟁적으로 시행되고 있는 도시 미관 개선 사업들의 긍정적 효과를 강조하고, 이러한 담론들을 통해서 도시 공간을 소비적 주체, 미학적 주체의 공간으로 구성하는 보도 양식을 보여주는 것이다. 또 다른 보도 양식은 노점상들의 공간 전유를 강조하고 노점상이 노점 공간의 주체임을 인정하는 것으로서, 노점 공간이라는 자본주의의 모순적, 갈등적 공간 성격을 드러내는 담론으로 나아간다"[46]라고 지적했다.

2012년 강보라의 논문에도 포장마차에 관한 인식이 드러난다. 그는 "포장마차는 찰나의 현상이라기보다는 구체적인 현실과 삶에 맞닿아 있는 역사적 풍경이라 할 수 있다. 여기에서 풍경은 단순히 시각적인 감상안에 포획된 경치나 경관만을 지칭하지 않는다. 그보다는 시대를 가로지르는 유행이자 풍속으로서의 '풍(風)'과 대상의 모습, 상황, 정황으로서의 '경(景)'이 합쳐져, 시대의

---

46   엄정윤 · 김승현, 「노점상 관련 보도에서 나타난 언론의 공간인식 분석」, 『한국언론학보』 제54권 3호, 한국언론학회, 2010. 6., 1쪽.

경관을 구성한다"[47]라고 했다.

한때 노점상에 대한 언론의 태도가 변화하려는 조짐도 보였다. 포장마차의 풍물적 요소가 상품화하면서 서양식 '푸드카'로 대체되기도 했다. 대도시 곳곳에 최신식 푸드카가 등장해 창업 직종으로 인기를 끌었다. 모르는 이와 친밀한 관계를 맺으며 서로 귀 기울이던 평등한 공간, 포장마차의 고유성을 푸드카가 대체하긴 어려웠을까? 안타깝게도 푸드카 열풍이 시들해졌다고 보도하는 기사가 여럿 등장했다.[48] 이처럼 노점상에 대한 언론의 태도는 시혜적이기도 하고 적대시하기도 하는 이중성을 지닌다.

언론에 노출된 노점상 당사자의 생각은 어떨까? 한때 노점상 성공 사례로 소개된 김석봉 씨는 "그렇게 부담스러울지 몰랐다"라고 했다. "서울신문 사회면에 '고객과 약속을 지키는 노점상'으로 보도되고 무교동 토스트 맛집으로 소문나면서 언론의 주목을 받았다. 부족하기 이

---

47 강보라, 「포장마차의 풍경사」, 『여가학연구』 10권 2호, 한국여가문화학회, 2012, 28쪽.

48 '청년의 희망'이라던 푸드트럭, 다 어디로 갔을까', 한국일보, 2021. 9. 2.

를 데 없는 내가 성공한 사람으로 비치는 게 부끄러웠다. 처음엔 방송에 나가지 않겠다고 버텼다. 하지만 '석봉토스트' 이야기가 다른 사람에게 필요하다는 것을 알았다." 김석봉 씨의 사례와 같이 외환위기로 고통받은 이들에게 희망을 주는 훈훈한 이야기는 꼬리에 꼬리를 물고 많은 곳에 알려져 곳곳에 체인점을 내는 등 크게 번창하기도 한다. 이런 성공담이 아닌 이상, 노점상들은 언론 응대를 주저한다. 방송 보도가 곧 단속의 빌미가 되기 때문이다. 사정을 잘 모르는 언론사는 노점상 단체가 회원의 인터뷰를 통제한다고 오해하기도 한다.

오래전 이런 일도 있었다. 단체 중앙사무실에 두 남녀가 찾아왔다. 이들은 결혼을 앞둔 사이라며 생계가 곤란하니 노점 자리를 알선해 달라고 사정했다. 장사 자리를 얼마에 매매할 수 있는지도 물었다. 우리는 노점 자리를 소개하는 단체가 아니라고, 단속이 있을 때 주변 노점상과 함께 대응하기 위한 단체라고 설명해 줬다. 뜻밖에 그들은 좋은 일을 하는 곳으로 보인다며 단체에서 자원 활동을 하겠다고 했다. 그러더니 실제로 집회도 참석하고 회의도 참관하며 얼마간 함께 보냈다. 노점 자리를 물색하던 그들은 노점 운영은 정말 어려운 일 같다며 새로운 일자리를 찾아 떠났다. 여기서 끝이 아니다. 얼마 후 한 일간지에 노점상 심층 취재 기사가 대문짝만 하게 실렸다. 노점상을 둘러싼 확인되지 않은 소문을 파헤쳤다는 이 기사를 보고 단체 활동가들은 그 예비부부를 떠올릴 수밖에 없었다. 우리의 추측이 사실인지 확인하진 않았지만 정말 허탈한 경험이었다.

도시빈민이 언론에 크게 다뤄지는 경우는 역설적이게도 과격하게 대응했을 때다. 그래야만 언론은 '시위의 과격성'에 주목해 이를 보도한다. 이때 도시 재개발사업에 따른 빈민들의 생존권 문제는 사회적 논의의 대상조차 되지 못하고 있다. 노동자와 농민이 목숨을 끊고, 총파업이 벌어지고, 격한 도심 시위가 이뤄져야 관심을 가지는 언론 보도가 도시·빈민의 생존권 투쟁에서도 여실히 드러난다. 지상파 방송 보도도 이런 관행에서 한치도 벗어나지 않는다. 시청자는 '저 사람들이 왜 화염병을 던지고 가스통을 터뜨리는지' 어리둥절할 수밖에 없다. 겉으로 드러난 사안만 보도할 뿐, 사태의 본질을 정확하게 알리려는 노력을 제대로 하지 못한 결과다.[49] 노동자와 빈민에 긍정적 논조인 일부 신문도 사태 해결 방법을 적극적으로 제시하지는 못한다. 노점상 문제를 진지하게 다뤄주는 매체는 인터넷 진보언론 몇 곳뿐이다.

미학적인 것이 곧 정치적인 것이 되어버리는 상품화된 사회에서 한시대의 문화는 두말할 것도 없이 사람의 의식에 절대적인 영향을 미치고, 이를 적극적으로 추동하는 역할을 언론이 한다. 보수적 관점의 공정을 둘러싼 담론이 시대를 휩쓸고 있는 상황에서, 언론은 노점상과 관련해 최소한의 사회적 '공론의 장'을 만들고자 노력해야 한다.

---

49 '빈민생존권문제에 관한 최근 언론보도의 문제점' 토론회, (사)민주언론운동
    시민연합 · 전국민중연대, 2013. 12. 17.

3.
노점상은
어디에나 있다

길거리 음식의 대표는 두말할 것 없이 '떡볶이'다. 옛날 궁중에서 소고기를 넣은 간장 떡볶이를 먹었다는 설이 있고, 본격적으로 서민들이 떡볶이를 먹기 시작한 건 한국전쟁 직후라고 한다. 떡볶이가 대중적인 간식으로 자리 잡은 건 1970년대 중반이라 짐작된다. 나는 초등학교 2학년 겨울방학이 끝날 즈음 처음으로 떡볶이를 먹었다. 교문 앞 문구점에서 길가에 내놓고 팔던 것으로 널따란 양철판 위에 잘게 썬 떡과 고춧가루를 풀어 연탄불로 익혔다. "떡볶이 한 개에 얼마예요?" 아주머니는 떡볶이를 국자로 휘휘 저으며 무뚝뚝하게 말했다. "한

개는 안 팔아." 사정이 넉넉하지 않고 먹을 것이 흔치 않던 시절, 주인아줌마의 눈치를 보며 가늘고 얇은 떡볶이를 조금씩 아껴 먹거나 어묵 국물만 연신 떠먹었다. 이를 지켜보던 아주머니가 떡볶이 몇 개를 접시 위에 슬쩍 더 올려주셨다. 뼛속까지 맵기도 하지만 때로는 달콤한 그 맛을 평생 잊을 수 없다.

노점상 단체에서 일하며 전국의 노점 떡볶이 맛을 다 보고 다니는 편인데 석계역 근처 '오빠 생각' 떡볶이는 정말 추천한다. 전철역과 버스정류장이 붙어 있어 단골도 많은 편이다. 주인장이 양념해온 고추장 국물에 찰진 떡을 넣고 저으면 모락모락 김이 피어올라 퇴근하는 발길을 붙잡는다. 혀를 감싸는 따끔한 매운맛이 일품이고 김밥을 떡볶이 국물에 비벼 먹으면 식사로도 그만이다. 커다란 덩치에 앞치마를 두르고 장사하는 김성현 씨는 IMF 때부터 어머니와 석계역에서 장사하고 있다. 어머니의 떡볶이 비법이 따로 있다.

"비법이 있지. 다 일러줄 순 없어. 몇 가지만 말하자면… 우선 고춧가루가 좋아야 해. 이건 기본이야. 고춧가루가 나쁘면 맛이 있을 수 없지. 그리고 찹쌀가루 빻

아서 고추장이랑 넣는데 그 비율이 있어. 여기에 들어가는 재료가 12가지 정도 돼. 일주일에 두 통 만들어가지고 숙성한 다음…. 떡은 밀떡인데 돈 좀 더 줘서 뽑아다써. 또 물 배합도 잘 해야 하고…."

김성현 씨에 따르면 맛있는 떡볶이를 만들기 위해 어머니께서 연구를 많이 하신단다. 몇 년 전 어떤 방송국에서 촬영해간 후론 전국에서 찾아올 정도로 유명한 곳이 되었다. 하지만 이곳도 수난의 시절이 있었다. 석계역에서 함께 장사하는 지역장 정구준 씨에 따르면 석계역이 허허벌판이던 시절 상인들이 모여 장사하기 시작하면서 지금의 상권이 만들어졌다고 한다. 버스정류장이 들어선 현재는 상권이 좋은 만큼 민원도 많다.

인근의 대학교 학생들이 모여 '빈민연대' 활동을 벌인적도 있다. 이 활동으로 학생들은 상인들과 함께 장사하고 단속이 있을 땐 전철역에서 선전전을 벌였다. 이들은 세월이 흐른 뒤에도 다시 들르곤 한다. 노점상과 연대한시간은 짧지만 삶을 엿보고 깨달은 바가 크다고 말한다. 생계를 위해 단속반과 대치할 수밖에 없는 모습, 그 팽팽한 긴장 한편에 평범한 일상을 사는 이웃인 노점상의 모습에서 세상을 더 알게 되었다고 한다.

서민들의 길거리 간식 떡볶이도 이화여대 앞에 처음 문을 연 '아딸'을 시작으로 프랜차이즈가 되었다. 돈이 되면 뭐든 잠식하는 사회에서 떡볶이도 예외는 아니었 다. 2000년대부터 떡볶이 체인점 점포수가 크게 늘었고 식품회사의 연구를 바탕으로 다양한 퓨전 떡볶이도 등 장했다. 이들은 무인 주문, 오픈 주방 시스템으로 업무 의 효율성을 높이고 인건비를 절감하며 소규모 창업으 로 세를 확장했다. 하지만 길거리 노점상 떡볶이도 이에 맞서 자신의 맛을 지키고 있다. 이수역 7번 출구 김옥선 할머니의 채소 떡볶이가 그렇다. 김옥선 할머니는 떡볶 이에 대한 자부심이 대단하다. 근처 프랜차이즈 떡볶이 가 자신의 떡볶이 맛을 따라갈 수 없다고 자랑한다. 김 옥선 할머니는 "깻잎과 양배추, 파를 듬뿍 넣어 아삭하 게 씹히는 채소가 우리 떡볶이 맛의 비밀이에요. 매콤한 떡볶이 국물이 예술이라고 이 동네 분들이 인터넷에 올 려줘서 더 유명해졌어요. 고춧가루에 물엿 그리고 간이 잘 든 국물을 넣고 끓여 주는 게 기본이에요. 무엇보다 항상 변하지 않고 똑같은 맛을 유지해 주는 것이 장사

비결입니다"라고 말한다.

하지만 이곳 떡볶이 노점도 2017년 단속 당시 인근으로 이전해 간신히 명맥을 잇고 있다. 당시 동작구청은 보도블록을 교체하고 화단을 설치하겠다고 했다. 실상은 대로변 노점상을 없애려는 계획이었다. 상인들은 순차적으로 자리를 치우고, 공사를 마치면 다시 장사할 수 있게 해달라고 구청에 호소했다. 노량진 고시원 주변의 '컵밥 거리'가 그렇게 한 전례도 있었다. 같은 동작구지만 이곳에선 통하지 않았다. 그해 여름 단속이 태풍과 함께 몰아쳤다. 장사 자리가 곧 농성장이 되어 노점상들은 24시간 자리를 지키며 단속반에 맞섰다. 내가 이수역 농성장을 찾은 어느 날, 김옥선 할머니가 수고한다며 채소 떡볶이를 듬뿍 가져오셨다. 맛나게 먹고 있는데 때마침 용역반이 몰려와 노점 마차와 농성장을 지킨다고 고생한 적이 있다. 먹을 땐 개도 안 건드린다는데.

여름이 지나고 10월 가을비가 오는 가운데 굴착기를 앞세운 용역반에 의해 결국 노점 마차들은 산산조각이 나고 강제 철거당했다. 동작구청으로 몰려가자 굳게 닫힌 정문에 '행복한 변화, 사람 사는 동작'이라는 현수막이 눈에 띄었다. 이수역 노점상은 '사람'에 포함되지 않은 모양이다. 노점상들은 겨울까지 저항했고 지역 명물 채소 떡볶이도 더 맛보지 못할 뻔했지만, 상인들은 가까스로 이수역 메가박스 위 우체국 앞으로 옮겨 장사를 이어가고 있다. 하지만 코로나19 이후 자리를 지키기 어려워졌다는 소식이 들린다.

'신촌 책방 앞 떡볶이', 연세로 길모퉁이 노점상도 옛날이야기가 되었다. 2013년 서대문구청의 노점상 단속 사례는 지역에서 이들이 어떻게 내몰리고 배제되는지 보여주는 사례다. 당시 서대문구청은 서울시 예산 28억 원을 포함해 총 80억 원 이상을 들여 신촌 연세로에 '대중교통 전용지구사업'을 추진했다. 구청은 연세로 주변 은행나무를 깡그리 베어내고 노점상 철거 예산 4,500만 원을 집행해 포장마차도 모두 걷어버렸다. 그리고 나서 신촌 연세로 상권이 나아졌나 하면 꼭 그렇지도 않다. 백화점 매출이나 건물을 가진 사람들의 임대사업이야 대중교통 전용지구사업이 아니더라도 서울 땅값이 오르면서 상황이 좋아졌겠지만 1990년대 이후 침체한 상권은 회복되지 못한 것 같다.

생계 방편으로 거리에서 장사하더라도 노점상이 주민의 한 사람으로서 지역 현안에 의견을 낼 권리를 인정받아야 하지만 현실은 그렇지 않다. 신촌 연세로의 가로수와 노점상을 살리며 사업을 추진했으면 좋겠다는 의견은 받아들여지지 않았다. 지역의 미래에 관한 정책에서 노점상은 항상 배제의 대상이다. 오래된 도시 분위기를 유지하면서 주변 노점상과 공존하고 어울리는 특색 있는 거리를 계획했다면 좋았을 텐데 당시 사업은 무조건 강남 거리를 재현하려고 했다. 천만다행으로 한 블록 지난 신촌 로터리 떡볶이들은 지금도 건재하다. 이곳은 방앗간에서 금방 뽑은 떡을 곧바로 양념에 버무려 낸다. 여러 노점이 같은 방앗간 떡, 비슷한 재료로 만들기 때문에 맛도 서로 닮았다.

사라지는 도시 공간은 우리의 '맛'을 포함해 많은 것을 앗아간다. 굴다리 근처 사회과학 서점 '오월의 책', 그곳에 붙은 메모, 독수리 다방과 길거리 포장마차들이 사라져 많이 아쉽다. 가을이면 노랗게 익어가던 은행잎과 좌판 위로 하얗게 김을 피워 올리던 어묵 국물, 빨간 떡볶이는 기억 속에만 오래 남았다.

4.
여성 노점상들이 나선다

가계의 주 수입원이 아닌 보조 수단으로써 노점상 운영은 여성이 주로 해왔다. 지금은 노점 상인들의 성별 비중 차이가 뚜렷하지 않다. 하지만 사회가 전통적으로 여성에게 남성에 예속된 지위와 역할을 부여하고 활동의 범위를 주변에 국한했던 것처럼 노점상 조직도 그랬던 것 같다. 단체의 방향을 결정하고 조직하는 것은 남성의 몫이었다. 그런데 단체 활동에 소극적인 줄로만 알았던 여성들이 극한 상황에서 리더십을 발하는 모습을 자주 본다. 최근 노점상 단체의 여성 회원들이 각 지역에서 책임 있는 지위를 맡아 일하고 있다. 영남권을 총괄

하는 김순심 씨가 그 예다. 그는 단체 활동을 하다 구속된 적도 있는데 노점 장사와 가사를 수십 년째 병행하고 있다. 이미 그는 누군가의 아내, 자식을 뒷받침하는 이름 없는 어머니에 만족하지 않고 영남지역 전체 노점상의 애환을 짊어지고 사회 활동을 벌이고 있다.

광주 양동시장 근처 여성 노점상 이야기도 빼놓을 수 없다. 현재 노점상 단체 광주지역장인 곽미순 씨는 스무 살이던 5.18광주민중항쟁 당시 시민군을 먹일 주먹밥을 만들어 날랐다. 부모님과 광주 양동에서 장사하던 그는 내게 1980년 5월의 경험을 들려줬다.

2015년 영남지역에서 적극적으로 활동하는 노점상 심규리(왼쪽) 씨와 김순심 씨

"총을 든 계엄군이 광주에 좌악 깔렸어요. 들리는 소문이, 금남로 일대에 총격전이 벌어져서 사람이 죽었다는 거예요. 그때만 해도 설마설마했지요. 그런데 진짜로 리어카에 시신을 싣고 사람들이 울고불고 정말 아비규환이었어요. 세상에 어떻게 그런 일이 있을 수가 있어요? 계엄군이 남자든 여자든 보이기만 하면 무조건 죽이고 때리고 하니까. 나는 그게 너무 무서웠어요. 같은 사람끼리 죽이면 어떡해요…. 양동시장 노점상들이 장사를 접고 달려갔지요. 처음엔 쌀을 걷다가 나중에는 없는 주머니 사정에 한푼 두푼 모아 주먹밥을 만들어서 도청으로 날라 보냈어요."

주먹밥을 만들던 노점상들은 이제 백발이 다 되었지만 곽미순 씨를 비롯해 이영애, 나채순, 박금옥, 염길순, 오옥순, 강선자, 오판심 할머니는 지금도 여전히 양동시장을 지키고 있다. 이영애 씨는 그날의 참상을 이렇게 전했다.

"광주 노점상은 거리에서 먹을 것을 파니께 장사하던 옷차림으로, 몸빼에 전대 두르고 모였제. 처음에는 팔던 거를 챙겨서 광주 시민헌티 신속하게 나눠 줄 수 있었당께. 이 사람 저 사람 따로 없이 누가 쌀을 갖다 놓으면 팔을 걷어붙이고 밥을 지어서. 그냥 먹으면 퍽퍽하니께 소금 넣어서 주먹밥을 맹그러 가지고. 김치쪼가리가 있으면 좋고 없으면 그냥 나눠줬지라."

어려서 한국전쟁을 겪은 세대인 노점상 할머니들은

2019년 5.18 진상규명 처벌법 제정을 촉구하는 광주 양동 노점상들

5.18 당시 계엄 군인들을 보며 자칫 목숨을 잃을 수도 있다는 걸 알고 있었지만, 군인의 곤봉에 맞아 피범벅이 된 사람을 보고 가만히 앉아 있을 수 없었다고 한다. 가진 게 없으니 밥을 짓고 나르는 일에 솔선수범했다. 무장한 군인에 맞서 자신들이 할 수 있는 방법으로 항쟁에 참여한 것이다.

양연수 씨는 1980년대 후반 광주 양동지역 노점상이 단속을 앞두고 있다는 소식을 듣고 대비를 위해 한걸음에 달려간 일이 있다. 그때 5.18을 겪어본 여성 노점상들의 기개가 인상적이었다고 한다.

"착착 알아서 다 하시더라고. 교육이고 뭐고 필요가 없을 정도로 정신무장이 다 되어 있었어. 집회를 한번 했는데 얼마나 드세던지 구청이고 경찰이고 절절 매더라니까. 그때는 서울에서 종종 5.18 진상규명 집회가 열릴 때야. 그러면 할매들이 새벽부터 버스를 대절해서 명동성당에 왔어. 노점상 단속 현장도 찾아가 연대하고. 서울 시민들이 환호하면 반가워 어쩔 줄 모르고…. 그렇게 밤늦게까지 투쟁하

다가 버스를 타고 다시 광주로 내려가 다음날 장사
하고 그랬다니까."

그날을 기억하는 광주 양동 노점상 할머니들은 수십
년 동안 단체 활동을 멈추지 않고 양동시장 발전을 위해
발 벗고 나섰다. 2020년에는 광주민중항쟁 40주년을 기
념해 양동시장에 조형물이 설치됐다. 양동시장에서 시
민군을 위한 주먹밥 나눔이 이루어진 것을 표현했지만,
조형물 설명에는 그냥 '상인'으로 표기돼 있다. 곽미순
씨는 '노점상'의 기여를 알릴 수 있도록 바로잡아 노점
상이라는 글자를 새겨 넣었다.

노점상 단체 회원들은 매년 5월 18일 광주에 내려가
망월동 묘역 기념행사에 참석한다. 그리고 양동시장을
찾아 할머니들과 그날의 이야기를 나누는 것이 관례처
럼 되었다. 이제 시간이 많이 흘러 안타깝게도 노점상
할머니들이 하나둘 보이지 않게 되었다. '양동시장 노점
상 할매와 주먹밥'이라는 전설을 남기고 세월은 덧없이
흐르고 있었다.

4장

노점상은 잡상인이 아니다

1.
노점상과 법

노점상을 싫어하는 사람들은 '불법'이라는 말부터 꺼낸다. 보행권을 해치고 위생에 취약하며 세금을 내지 않는 사람들이라고도 한다. 아무리 노점상을 긍정적으로 묘사하려 해도 부정적 인식이 있다는 것은 엄연한 현실이다. 그리고 이를 외면하는 것은 문제 해결에 도움이 되지 않는다. 어떻게 하면 노점상이 이 사회의 구성원으로 함께 살 수 있을지 고민해야 한다.

헌법 제15조는 "모든 국민은 직업 선택의 자유를 가진다"라고 했다. 어느 나라든 기본권은 아래로부터 획득되었고 '인간의 존엄', '평등권', '경제적 자유권'과 같

강남구청의 단속과 철거 계고장

은 가치들은 오랜 시간을 거치며 수정 변화되었다. 그리고 저항을 통해 한 발짝 나아가고 법률로 쟁취할 수 있었다. 직업도 마찬가지다. '생활의 기본적 수요를 충족시키기 위한 소득 활동'으로 정의되기까지 인류 역사에 수많은 갈등이 따랐고 사람이 먹고살기 위한 수단인 직업이 천한 것이 되어서는 안 된다는 결론에 도달했다. 물론 현실에서 직업 선택의 자유와 실제 영업의 자유가 일치하지는 않는다.[50] 헌법에 따르면 국가 안전 보장, 질서 유지, 공공복리를 침해하는 경우 법률로써 제한할 수

---

50 정덕기, 「직업의 자유에 대한 규제와 그 심사」, 『법학논문집』 25권 2호, 중앙대학교 법학연구원, 2001.

있다. 가령 범죄와 연루된 직업을 통해 불로소득과 사적 이윤을 취득하는 행위가 이에 해당한다.

하지만 근본적으로 직업 선택 결정의 자유와 선택한 직업에 종사하는 것을 국가가 방해해서는 안 된다. 본질을 침해할 수 없다는 뜻이다. 노점상은 어떨까? 장사한다는 이유만으로 범죄자가 되는가? 현행법에서 이들을 불법으로 규정할 근거는 없다. 영업행위를 단속할 수 있는 근거 규정으로 도로법, 식품위생법 등의 법률이 적용되지만 노점상 유형이 워낙 다양하기에 선별적으로 적용되고 있을 뿐이다. 단속 근거는 도로법 제61조 '도로의 점용 허가'다. 이에 따르면 "공작물·물건, 그 밖의 시설을 신설·개축·변경 또는 제거하거나 그 밖의 사유로 도로를 점용하려는 자는 도로관리청의 허가를 받아야 한다." 이 조항은 다수의 보편적 이익을 위해 공공에 개방된 도로의 본래 기능인 통행이 불가능해질 경우 규제할 수 있다는 취지다. 예를 들어 도로 위 공사를 시행할 때 형질 변경을 초래하는 사업을 하려면 허가를 얻어야 한다.

문제는 각 지방자치단체가 이 법을 적용해 단속을 벌

인다는 것이다. 하지만 노점상이 비록 도로를 점유하고
는 있으나 도로의 본래 기능인 원활한 통행권을 충분히
보장하는 형태로 상행위를 했을 경우 정비의 대상이 되
어서는 안 된다는 게 상인의 입장이다. 특히 도로 위 노
상 적치물을 도로법을 근거로 정비하는 것과 장사하는
사람을 단속하는 것은 차원이 다른 문제다. 노점상은 사
람이다. 단속으로 수거해 가는 물건이 아니기 때문이다.

'서울시 도로 점용허가 및 점용료 등 징수 조례' 제2조
'도로점용허가'에 따르면 공작물 · 물건 · 그 밖의 시설
물로서 도로 점용허가 대상 시설물을 '가로판매대 · 구
두수선대 · 생활정보지통합배포대' 등으로 정하고 있어
모든 상인을 무조건 불법으로 규정해서는 안 된다.[51] 게
다가 노점상 점용 허가는 언제나 가능하다. 헌법 제117
조가 "법령의 범위 안에서 자치에 관한 규정을 제정할
수 있다"라고 함으로써 지방자치단체에 자치입법권을
부여하고 있으므로 구체적인 방법과 절차를 지자체가

---

51   민주노점상전국연합, '생계형 노점상 보호를 위한 특별법의 필요성',《제26
      차 6.13주간 정책토론회 자료집》, 2013.

시행령의 기준 내에서 정하면 되는 것이고 실제 이를 적용하기도 한다. 점용 허가를 받지 않았다는 이유로 노점상을 범죄시하거나 생존권을 침해해서는 안 되고 이를 혼동해서도 안 된다.

점용물의 종류		기준단위		점용료(단위: 원)
		점용단위	기간단위	
1. 영 별표3 제7호에서 정한 점용물 (7. 노점 · 자동판매기 · 현금자동입출금기 · 상품진열대, 그 밖에 이와 유사한 것)	가로판매대, 구두수선대	점용면적 1㎡	1년	토지가격에 0.007을 곱한 금액
	노점			토지가격에 0.007을 곱한 금액
	생활정보지 통합배포대			토지가격에 0.01을 곱한 금액
	자동판매기, 상품진열대			토지가격에 0.05를 곱한 금액
	전통시장의 상품진열대			토지가격에 0.03을 곱한 금액

[표1] 서울특별시 도로 점용허가 및 점용료 등 징수 조례 제3조(점용료의 산정기준) 별표1.

다음으로 노점상에게 적용하는 법률로 식품위생법 제3조 '식품 등의 취급'과 제36조 '시설기준'이 있다. 식품을 취급, 판매하는 모든 사람에게 주어진 의무규정으로 식품위생법 37조 4항과 97조 벌칙에 따라 영업허가 신고가 되지 않은 영업 업주에게는 3년 이하 징역 또는 3

천만 원 이하 벌금이 내려진다. 하지만 도로점용료를 내고 있는 노점상인지 허가받지 않은 노점상인지에 따라 기준이 다르고, 자치단체 위생과에서 이를 적용·관리하거나 행정 조치를 취할 수 있는 법적 근거도 없다. 그런데도 많은 노점상이 식품위생법을 적용받고 있는 것이 현실이다. 그리고 식품위생법 업종별 시설 기준은 아래와 같이 매우 엄격하다.

"조리장 안에는 취급하는 음식을 위생적으로 조리하기 위하여 필요한 조리시설·세척시설·폐기물 용기 및 손 씻는 시설을 각각 설치하여야 하고, 폐기물 용기는 오물·악취 등이 누출되지 아니하도록 뚜껑이 있고 내수성 재질로 된 것이어야 한다.", "조리장에는 주방용 식기류를 소독하기 위한 자외선 또는 전기살균 소독기를 설치하거나 열탕세척소독시설(식중독을 일으키는 병원성 미생물 등이 살균될 수 있는 시설이어야 한다.)을 갖추어야 한다.", "식품 등의 기준 및 규격 중 식품별 보존 및 유통 기준에 적합한 온도가 유지될 수 있는 냉장시설 또는 냉동시설을 갖추어야 한다.", "수돗물이나 「먹는물관리법」 제5조에 따른 먹는 물의 수질 기준에 적합한 지하수 등을 공급할 수 있는 시설을 갖추어야 한다."

하지만 이는 국민 건강을 위한다기보다 자치단체의 표적 단속에 적용되는 경우가 더 많다. 식품위생법 제36조의 법령에서 요구하는 시설기준을 갖추기 위해 노력해도 먹을거리를 취급하는 대다수 상인이 식품위생법 위반으로 처벌받는 것도 현실이다. 남한산성 근처에서 차량을 이용해 장사하는 김홍현 씨는 8차례나 과태료를 부과받았다. 김홍현 씨가 판 음식은 어묵과 번데기, 옥수수 등이다. 부인과 함께 아침 일찍부터 장사해온 그는 식품위생법 위반에 따른 300만 원의 벌금과 700만 원가량의 과태료를 내지 못해 통장과 차량을 가압류당했다. 누적된 벌금으로 타격이 커지자 결국 노점을 포기했다. 한때 노점상 단체의 대표까지 지냈던 김홍현 씨는 현재 경비원 일로 생계를 유지하고 있다.

'직업'이 생활을 영위하기 위해 행하는 필수적인 활동이라는 것은 두말할 것 없다. 자기를 완성해가는 존재 이유가 되기도 하고 직업을 선택함으로써 사회 존속과 발전에도 기여한다. 그러나 위와 같은 법률의 불완전성은 직업 선택과 영업의 자유를 심각하게 훼손한다. 식품위생법으로 처벌받은 이력이 있으면 다시 장사를 시작할 때 제약을 받는다. 하루 벌어 하루 사는 노점상에게 지나친 행정이 아닐 수 없다.

일관성 없는 법 적용도 문제다. 가로판매대의 경우 '음식물을 조리하여 판매하는 행위'는 금지되지만, 이를 피해 이미 조리된 음식인 토스트와 샌드위치, 김밥을 전자레인지를 이용해 판매하는 경우가 있다. 합법적이라는 푸드카도 실상 법률에 저촉되는 요소를 많이 가지고 있지만, 그대로 운영되고 있다.[52] 그리고 자치단체와 노점상 간 협의를 통해 상하수도 및 전기 공급 시설을 갖추고 냉동이나 냉장시설에 보관 · 관리하는 방식으로 노점을 유지하는 곳이 점차 늘고 있어 상생의 가능성이 전혀 없는 것은 아니다.

'위생과 청결'에 관한 기준도 문화나 관점에 따라 달라질 수 있다. 거리 음식이 발달한 동남아시아의 노점은 이런 부분에서 다소 유연하지만, 소위 선진국은 매우 엄

---

52 '[김태민 변호사의 식품창업과 법률 · 특허 이야기] 푸드트럭의 예견된 몰락', 식품음료신문, 2017. 4. 24.

208

격한 편이다. 5장에서 살펴보겠으나 나라별 문화와 조건에 따라 노점상 허가도 천차만별이다. 우리 사회에도 실정에 맞는 법 적용이 필요하다. 도로법과 식품위생법 등에 나타나는 노점상의 불법 소지는 법률의 기본적 입법 취지, 즉 장사를 금지하려는 것이 아닌 다른 공익적 요소를 위한 것이라는 측면에 집중해서 살펴봐야 한다.

'노점상은 세금을 내지 않는다'라는 주장도 자주 등장한다. 소득세법 시행령 제211조 4항은 "노점상인·행상인 또는 무인판매기 등을 이용하여 사업을 하는 자가 공급하는 재화 또는 용역"에 대해 "계산서 또는 영수증을 발급하지 아니할 수 있다"라고 규정한다. 부가가치세법 시행령 제71조 '세금계산서 발급 의무의 면제 등'에 따르면 "택시운송 사업자, 노점 또는 행상을 하는 사람, 그 밖에 기획재정부령으로 정하는 사업자가 공급하는 재화 또는 용역"은 "세금계산서를 발급하기 어렵거나 세금계산서의 발급이 불필요한 경우"에 해당한다. 각각의 세법 시행령에서는 '노점상인·행상인', '노점 또는 행상을 하는 자', '노점상인'이라는 단어를 통해 이들이 명확히 세금계산서 발급 의무, 영수증 발급 의무, 지방세 주민세 균등분 납부 의무의 면제 대상임을 적시하고 있다.

이 법령들의 입법 취지는 납세 대상자 중 정책적 공제 등으로 실제 납부할 세금이 거의 없는 계층을 고려하고 세금 징수가 불가능한 행정 현실을 반영한 것으로 볼 수 있다. 노점상의 경우 단속에 시달리거나 벌금과 과태료, 도로점용료를 내며 사회적으로 곱지 않은 시선 속에서 생계를 이어가는 사회적 약자이기 때문에 세금 납부 의무를 면제한다는 취지로 폭넓게 해석될 수 있다.

2021년 정부의 4차 재난지원금 지급 당시에는 지원 대상에 노점상이 포함된 것을 두고 논란이 된 적이 있다. '세금 한 푼 안 내는 이들을 지원해선 안 된다'는 주장이었다. 이에 대해 한겨레신문 사설을 참조할 수 있다. "현재 전체 자영업자 중 28%는 부가가치세 면세 대상이다. 근로소득세 면세자 비율도 39%에 이른다. 이들도 모두 세금을 내지 않으니 지원 대상에서 제외하자는 말인가. 면세자일수록 소득이 적고 지원이 절실한 경우가 더 많을 것이다. 노점상 외에 다른 사각지대는 없는

지 살펴보는 게 우선이다."[53] 영세 자영업자에 대한 세금 혜택은 정부의 오랜 정책이다. 가령 폐업한 뒤 재창업 등 재기하는 경우 1인당 최대 3,000만 원까지 체납 세금을 면제하거나 창업 중소기업은 고용증가율에 따라 최대 50%까지 세액을 추가 감면해주는 세법 개정안을 낸 적도 있다.[54]

노점상을 둘러싼 세금 논란과 비교해 재벌 총수의 탈세 문제를 언급하지 않을 수 없다. '소득 있는 곳에 과세 있다'라는 말이 있지만 한국에는 '재벌 있는 곳엔 탈세 있다'라는 표현이 있다. 세금 포탈을 비롯해 정치자금 제공과 각종 비자금 조성, 횡령, 배임 등이 만연해 있어 이들이야말로 범죄자나 마찬가지다. 노점상의 세금 문제와 재벌 비리를 비교하는 일이 비약이라 하더라도 재벌이 탈세한 천문학적 비용을 제대로 집행하거나 비업무용 토지, 사내유보금을 거둬들이면 당장 부족한 복지 지원도 가능하지 않을까?

---

53 '세금도 못 내는 노점상은 지원 말라는 얘긴가', 한겨레, 2021. 3. 1.

54 '[세법개정] 재기한 영세자영업자 체납세금 3000만원 면제', 뉴스1, 2017. 8. 2.

전통시장 관련법 또한 노점상과 관련 있다. 전통시장의 상권이 위축되면서 노점상과 함께 침체하는 것이 최근의 일반적 현상이다. '전통시장 및 상점가 육성을 위한 특별법 시행령'은 제8조의 2 '상권활성화사업의 지원 대상, 지원한도 등'에서 "…노점 관리 등 상권관리사업"을 상권 활성화 사업의 지원 대상으로 명시했다. 제27조 '인접 지역'에서는 "법 제45조(인접지역을 포함한 시장정비사업에 관한 특례)에 따른 인접 지역"으로 노점을 포함시켰다. 전통시장에서 장사하는 노점상이 시장 정비 사업으로 쫓겨나지 않도록 노점상을 시장 현대화, 활성화 사업의 한 주체로 설정한 것이다.

이처럼 현행법체계에는 오랜 시간 많은 사람의 직업이던 노점상 관련 조항이 곳곳에 있다. 그러나 소유권 제도와 사적 자치가 확립된 현대의 자본주의 경제 질서 안에서 법제도는 노점상을 규제할 수단이 되었다.

2.
노점관리대책의
전개 과정

여기서는 1장에서 언급한 '노점관리대책'에 관해 본격적으로 살펴보겠다. 어느 시대든 이런저런 정책이 노점상에게 영향을 미쳤지만, '노점관리대책'이야말로 가장 강력한 파장이었다. 이 정책은 노무현 정부 들어 부동산 규제가 실시되는 한편 '도시재정비 촉진을 위한 특별법'이 제정된 것을 배경으로 한다. 이는 자치단체가 직간접적으로 노점상 '절대 금지구역'과 '상대 금지구역'을 설정하는 데 영향을 주었고, 주요 상권과 역세권에서의 노점 금지로 이어진다. 이명박 당시 서울시장은 2002년 한일 월드컵 경기를 앞두고 거리 환경 미화 정책을 추진

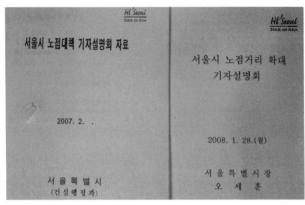

2007~2008년 서울시 노점대책 보도자료

하며 노점상 대책으로 상담센터를 운영했다. '노점상 상
담센터'는 실제 이용한 노점상 숫자가 매우 미미해 현실
과 동떨어진 유명무실한 기관이 되었고, 노점상 지원이
아닌 단속을 위한 조직으로 그 위상이 바뀌었다. 그러면
서 서울시는 단속 성과에 따라 각 자치구를 평가해 인센
티브를 주는 이중적 정책을 폈다. 하지만 2003년 이후
청계천 복원 과정에서 주변 상인과 노점상의 저항으로
갈등을 겪으며 일방적인 단속과 철거는 안 된다는 여론
이 형성됐다. 이 시기 다양한 영역에서 '협치, 상생 그리

고 대화와 소통' 등 중요한 정책적 키워드가 등장한다.[55]

2006년 7월 취임한 오세훈 서울시장은 '도시 디자인'을 강조한다. 잘 정돈되고 서구화된 도시 경관을 보여주고 싶은 시장의 정치적 욕망은 '디자인 수도 서울' 선포와 이를 가시화할 랜드마크 '동대문디자인플라자' 구상으로 정점에 달한다. 동대문 주변 노점상들의 생존권은 다시 위협당하게 되었다. 마침내 오세훈 서울시장은 2007년 9월 '디자인서울거리' 10곳을 선정하고 다음 해 1월 시간제·규격화 노점 거리 확대추진계획을 발표했다. 그리고 2008년 3월 디자인 거리 20곳을 추가 선정했다. "디자인 서울 거리는 거리의 시설물 설치를 최소화하고 저밀도 고효율의 디자인을 지향하는 '비우는 디자

---

55 김대중과 노무현 정부 시대에는 대립과 갈등구조를 해결할 민관 협력이 요구되면서 '사회적 합의주의'와 '거버넌스'를 강조하는 정책이 등장한다. 대의제의 위기와 함께 직접민주주의의 요구가 높아지고 특히 정보화와 지구화, 환경 위기 등이 복합적으로 등장하면서 중요성이 더욱 강조된다. 기존의 국가 주도를 벗어나 참여적 주민과 노동조합, 시민운동 진영이 문제 해결의 공동주체가 되는 방식이지만, 아직 제대로 작동되지 못하고 있다. 대표적으로 '노사정위원회'와 같은 기구는 '고통 분담'을 내세워 '노동 유연화 정책과 구조조정'을 관철하기 위한 방편으로 전락한다. 이러한 흐름은 노동 현장뿐만 아니라 지역 곳곳에서 벌어졌다. 민관 '상생위원회' 또는 '갈등조정기구' 등을 통한 협치는 여전히 법적 구조를 뛰어넘지 못하고 사회통합으로 나아가지 못하고 있다.

인 서울', 모든 가로시설물이 디자인 가이드라인에 의해
통합 조정되는 '통합 디자인 서울', 건물주와 점포주, 시
민, 전문가가 함께 참여하는 '더불어 디자인하는 서울'
지속적인 관리로 불법 간판, 불법 노점상 등을 예방하는
'지속 가능한 디자인 서울'"[56]이라는 4대 기본전략이었
다. 그리고 2007년 2월 '디자인 서울 정책' 발표와 동시
에 기자회견을 열어 '노점상특별관리대책' 추진계획'을
내놓는다. 디자인 서울을 추진하는 데 노점상이 걸림돌
이었고 이의 정비가 시급한 사안이었던 것이다.[57]

정책 시행 초기 서울시는 노점상과 대화를 시도하는
듯했지만 실제 당사자들과 협의는 생략한 채 일방적으
로 디자인화 사업과 노점관리대책을 집행한다. 이는 상
가 등 다양한 이해관계자의 비난에 직면했고, 협치의 대
상인 노점상도 격렬히 저항했다. 2009년 3월 서울시는
노점상 단체 대표가 노점관리대책을 받아들이도록 회

---

56 '디자인 서울 거리 20곳 추가 선정', 하이서울뉴스, 2008. 3. 24.

57 '노점 규격화 · 시간제 추진 깔끔한 서울 거리 만든다', 조선일보, 2008. 1.
    29.

유했고, 단체는 이 문제로 격렬한 내부 논쟁을 벌였다.[58] 엎친 데 덮친 격으로 이 시기 노점상 단체 중앙 간부들이 이근재 열사 장례 당시 시위로 수배 중이거나 구속된 상황이었다. 결국 3월 26일 서울시와 노점상 단체 일부 간부가 노점관리대책을 밀실 합의하기에 이른다. 합의문에는 △노점 이전 배치 △1인 1노점 원칙 준수 △노점상 전대·전매 금지 △노점 규격화 및 디자인 개선 등의 내용이 담겼다.[59] 이에 따라 서울시는 2009년 디자인 거리 완성을 위해 서울 전 지역의 노점상 강제 이주 계획을 집행한다.

박원순 서울시장도 이 정책을 계승했다. 2013년 12월부터 노점관리대책을 구체화한 법제도 정비에 들어가 서울시 조례 제정을 목표로 '거리 가게 상생 정책 자문단'을 만든다. 시장이 바뀌었어도 노점상들은 조례안을

---

58 이에 앞서 2009년 1월 20일에는 같은 빈민운동 단체인 '전국철거민연합' 철거민들이 용산 남일당 건물 옥상에서 점거농성을 벌이다 경찰 및 용역과 충돌해 6명이 사망하고 24명이 다치는 사건이 발생했다. 당시 수배 중이던 중앙집행부 일부는 용산 참사 개입을 거부했다. 여기에 노점관리대책을 둘러싼 내부 갈등까지 불거지자 노점상 단체는 대표 선거를 계기로 두 개로 나뉘게 된다.

59 '전노련·서울시 '노점관리 대책' 합의', 참세상, 2009. 3. 27.

반대할 수밖에 없었다. 법제화된 규제 정책은 대다수 노점상의 삶에 위협에 될 것이 뻔했다. 서울시는 2017년 10월 조례안을 철회하는 대신 기존의 방식을 수정·보완해 '노점상 가이드라인'을 제출하고 현재에 이른다.

박근혜 정부 때 성황이던 '푸드카'와 함께 노점상이 상품 가치를 얻어 미화된 것은 이 시기의 주목할 만한 부분이다. 노점상에 대한 악의적 선전도 여전했지만, 소비사회 한편에서는 피상적으로나마 노점상을 반겼다. '노점상 가이드라인'을 준수하는 푸드카와 노점상은 '거리 가게'라는 이름을 얻었고 노점박스와 푸드카 제작업체, 노점 물건 공급업체가 상품 유통망으로 결합했다. 코로나19 유행 전까지 서울시의 지원 아래 여의도와 청계광장, 동대문디자인플라자, 광화문 광장과 뚝섬 등에 푸드카 야시장이 운영됐다. 세계 각국의 먹을거리, 액세서리와 소품이 소비자를 끌어들였고 지역별로 야경, 무대공연이나 주변의 대형 쇼핑몰 덕분에 관광 명소로 인기를 끌었다.

그렇다면 대한민국의 수도 서울은 노점상에게 천국이어야 하지만 다른 한쪽에선 허가받지 않은 포장마차가

내팽개쳐지고 단속당하는 이질적인 풍경이 공존했다. 오랜 전통의 기존 노점은 단속 대상, 자치단체가 관리하는 푸드카는 보호와 홍보, 그리고 지원 대상으로 대별되었다. 이렇게 일부 노점과 푸드카는 '거리 가게'라는 도시 공간 내 틈새시장으로 재편되고 있다.

3.
노점관리대책의
실체와 문제점

누구를 위한 상생위원회인가

민관이 힘을 합쳐 지역 문제 해결 방안을 공동으로 모색
한다는 취지로 각 자치단체는 산하에 협치 기구를 두고
있다. 이와 연동해 노점상을 효율적으로 관리하고자 설
치한 것이 소위 '상생위원회'다. 정책 결정에 앞서 협의
하고 공감대를 조성하겠다는 의도로 여기에 공무원, 전
문가, 주민 대표, 노점상 대표가 참여했다. 노점상 관련
상생위원회 이전에도 여러 곳에서 '노점개선 자율위원
회', '노점관리위원회', '노점상발전협의회' 등의 이름으

로 협치 기구를 운영한 선례가 있다.

대표적인 것이 2004년 강남구청 사례다. 강남구는 당시 꽤 큰 예산인 165억 원을 투입해 지하 2층, 지상 5층, 연면적 1,000평 규모의 '노점상 빌딩'을 지었다. 100여 명의 노점상을 입주시킨다는 계획이었으나 2006년 지원 예산 부담과 임대기간, 임대비용을 둘러싼 현안에 부딪히게 된다. 당시 노점상이 감당하기 어려운 과도한 임대료 책정으로 위원회는 파행으로 치달았다. 논의 과정과 별개로 강남지역 노점상 단속과 과태료 처분은 계속됐으며, 담당 공무원이 바뀌자 노점상 빌딩 정책은 유야무야되었다.

2006년 서울시 주도로 결성된 '동대문운동장 발전협의회'도 언급해야 할 사건이다. 동대문 축구장 안 일부 상인을 대표로 선임하고 협치를 강조한 이 협의회는 가장 저급하게 운영된 사례라고 할 만한다. 당시 서울시와 협상을 추진한 상인 대표는 여러 개의 노점 좌판을 차지하고 있거나 자리를 매매해 사적 이득을 취하던 사람들이다. 서울시는 이들을 발전협의회에 참가시켜 상당 기간 묵인, 방조하는 방식으로 동대문풍물벼룩시장을 운영

관리했다. 당시 서울경찰청 소속의 노점상 정보담당 경찰관이 협의회에 개입해 상인 대표와 긴밀한 관계를 유지하기도 했다. 동대문운동장 풍물시장이 오세훈 서울시장에 의해 헐리고 신설동 근처로 이전하면서 대부분 상인대표가 비리 혐의로 구속되고 비리에 가담한 정보담당 경찰관은 옷을 벗게 되었다. 서울시는 '동대문풍물벼룩시장 철거와 동대문디자인플라자 건설' 사업을 관철하기 위해 다양한 이해당사자들을 이용했던 것이다.

지나친 노점상 실태조사

노점관리대책은 먼저 노점상의 실태를 파악하려 했는데 이는 노점상을 오랫동안 잠재적 범죄자로 보았던 인식에서 출발한다. 서울시는 노점상 개개인의 주민등록번호를 확인해 인적사항을 조사하고, 경제적 조건 즉 주거 실태, 일일 또는 월 소득을 비롯한 생활 정도 파악에 나섰다. 그리고 판매장소, 형태와 크기, 취급 품목, 점유 면적, 영업시간 등 영업실태와 노점판매대 보관소, 단체 가입 여부까지 조사했다. 이 밖에도 장사하는 곳의 상권과 입지적 조건 등 주변 환경도 파악하여 전산화해 관리한다.

특히 실태조사의 '금융정보공개 동의서'가 눈에 띈다. 이는 상인의 금융거래 내역을 파악한 것으로 자치단체가 3억 원가량의 재산 기준을 제시해 이를 초과하면 허가 취소의 명분으로 삼았다. 코로나19 이후에도 동대문 디자인플라자 주변 노점상들이 실태조사에서 탈락하는 사례가 발생하고 있다. 이는 과태료 부과와 단속으로 이어지며 노점상에 대한 과도한 실태 파악과 정보 수집은 인권침해 논란이 되기도 한다.

노점상 이주 및 특화거리 조성 실패

2007년 서울시는 '노점 시범 거리'를 자치구별로 1곳씩 조성한다는 계획을 내놓는다. 노점 특화거리, 문화의 거리 등이 이에 해당한다. 1990년대 이후 이미 '노점상 유도구역' 추진사업으로 신도림과 방배동에 풍물 단지가 조성된 전력이 있다. 노점상을 단속하지 않고 집단 이주시켜 특화거리 사업을 추진한다는 것은 긍정적으로 보일 수도 있다. 오세훈 서울시장의 디자인화 사업에 따라 특화거리 사업도 이후 몇 년간 본격적으로 진행되었다. 그러나 당시 보도에 따르면 서울시와 종로구가 종로 노점상 이주사업을 성공 사례로 소개한 것과 달리 노점상들은 이주한 곳에서 극심한 침체를 겪다가 거리를 떠났다.[60]

① 신규 노점 진입 예방	○ 특화거리 조성지역 외 노점 불허 ○ 신규 발생 노점 적극 정비

⇩

② 정비대상 노점 지속 감축	○ 전산시스템으로 관리 · 정비대상 구분 ○ 실태조사 및 정비대상 노점 분류 가능 - 1인 다수 노점 보유, 전매 · 전대 행위 금지 - 운영자 지역제한 적용, 대형 · 기업형 노점 ○ 전업 지원: 취업 알선, 창업 · 금융지원, 직업훈련 안내

⇩

③ 자연 감축분 정비	○ 운영자 사망 시 승계 불인정 ○ 준수사항 위반 시 허가 취소

[그림1] 특화거리 조성 사업과 노점 대책 방향. * 출처: 서울시 가로환경개선추진단, 2009

---

60 ''노점상 특화거리에 노점상이 없다…종로서 창경궁로로 이전한 노점상 '개점휴업'', 국민일보, 2010. 5. 2.

2022년 현재에도 경기도 안산의 안산시민시장이 논란의 대상이다. 1988년 서울올림픽 개최 당시 노점상을 줄이고자 안산시 단원구 초지동에 임시 시장을 설치한 것이 시초다. 명맥을 유지하던 1997년 8월 14일 시와 협의해 안산시민시장으로 거듭나 현재에 이르게 되었다. 현재 안산시민시장은 15,132㎡(약 4,577평)의 면적에 3개 동, 4개 블록으로 총 12개 동이며 410개 점포, 228명의 소상공인이 들어서 있다.[61] 그러나 시장 인근에 아파트 단지가 들어서면서 시는 주변 미관 및 교통 환경을 이유로 시장을 고사시키려 하고 있다. 안산 5일장 노점상 공동대표 이규호 씨는 노점상 단체에 가입해 안산시청에 저항하고 있다.

이 밖에도 강원도 원주, 광주 양동 복개천, 대전, 충북 청주, 부산 해운대와 부산역 근처에서 노점상이 집단 이전했던 전례가 있다. 가장 대규모 사례는 2003년 청계천 복원사업 이후 노점상 1,000여 명을 동대문 축구장으로 이주시킨 일이다. 이후 4년 만인 2007년 이들은 또

---

61   '포장마차 골목서 전통시장으로… 안산시민시장', 경기일보, 2018. 1. 25.

다시 신설동 풍물벼룩시장으로 옮겨야 했다. 2007년 종로 대로변 노점상을 관철동과 종로5가 이면도로로 이전한 사례도 있다. 경기 고양시 일산, 광명, 부천지역의 노점상이 이런 대책에 편승한 지자체에 의해 이전 배치되었다. 최근에는 2016년 노량진 컵밥 거리 이전, 2018년 도봉구 창동 전철역 주변 노점상 이전 등의 사례가 있다.

강제적인 집단 이주 및 특화거리 조성 사업은 여러 문제를 낳았다. 상권이 제대로 이뤄지지 않아 노점상이 장사를 포기하고 떠나거나, 안산시민시장처럼 시간이 흐른 뒤 도시 환경이 변화하면 단속 대상으로 전락하기도 한다. 기관이 주도해 인위적으로 추진된 이주 정책이 노점상을 살리는 정책이 되지 못했음을 입증하는 것이다.

노점상 좌판 크기 규제

시각적으로 노출된 노점상의 크기와 규모는 항상 규제 대상이었다. 서울시 노점관리대책은 가로 2m, 세로 1.5m의 좌판 크기를 기준안으로 제시한다. 마차는 이동이 가능해야 하며 통행 여건과 공공시설물 배치, 그리고 주변 상인과의 이해 충돌 등을 고려해 '도로 점용 허가' 타당성을 검토해야 한다. 그리고 점용 면적은 가로 3m, 세로 2.5m를 넘지 않아야 한다. 이 기준을 초과하면 기업형으로 규정된다. '기업형 노점상'에 관한 뚜렷한 기준이 없을 때는 각 구청이 자의적으로 이를 적용했으나 노점관리대책 이후에는 이 기준이 보편화되었다. 당시 서울시는 노점상의 반발을 예상하면서도 규모를 제한함으로써 노점이 자연 감소할 것으로 보았다.

조리 노점상 품목 규제

'서울특별시 보도상영업시설물 관리 등에 관한 조례' 제9조 3항에 따르면 가로판매대에서 "음식물을 조리하여 판매하는 행위"는 금지되지만, "전기조리기구를 이용하여 보온을 요하는 핫도그, 햄버거, 샌드위치, 건포(乾脯)류 및 김밥의 판매행위에 한정하여 시장의 사전 승인이 있는 경우 판매를 허용"하고 있다.

현재의 노점관리대책은 조리 시간이 오래 걸리는 음

식의 판매를 규제하고 있다. 음식물에 대한 식품 위생 검사, 취급자의 위생 기준·건강 검진 및 실명제, 취급 품목 등을 식품위생법에 세세히 규정해 두었다. 이런 기준에 따르면 미등록 노점상뿐만 아니라 허가제로 운영되는 가로판매대나 푸드카 등 모든 업종에서 음식물 조리가 불가능하다. 그동안 이 문제는 단체로 조직된 상인을 집중 표적으로 삼는 등 단속 대상을 선별하는 데에 악용되기도 했다. 현재의 노점관리대책은 식품위생법 등 법률에 대한 전면 재검토와 수정 없이 제대로 기능하기 어렵다.

노점 영업시간 규제

영업시간에 대한 규제 역시 눈여겨볼 대목이다. 서울시는 1989년 노점 규제를 위해 "52개 지역에 24시간 영업을 금지하는 절대 금지구역"을 설정한다. 대신 많은 사람이 노점상을 통해 생계를 유지한다는 점을 고려하여 "오후 6시부터 자정까지 허용하는 82개의 상대 금지구역을 설정하고 노점을 관리하도록 한다"라는 방침이었다. 이는 노점상들의 강한 반발로 이후 점차 유명무실해졌다. 이는 서울시의 밀어붙이기식 대책으로 대표적인 실패 사례가 되었지만, 지금도 종로 노점상은 오후 4시 이후에 장사를 시작하도록 규정하고 있으며 부산시 동구는 오후 9시부터 다음날 새벽 7시까지로 영업시간이 정해져 있는 등 현재까지도 여러 지역에 그 흔적이 남아 있다.

노점상 거주지 규제

각 자치단체의 조례는 해당 지역주민에만 효력을 가진다. 광명시의 노점 관련 조례('도로구역 영업시설물 관리 등에 관한 조례') 제4조 3항에 따르면 "점용허가는 신청일 현재 광명시 관내에 주민등록을 두고 거주하는 사람으로" 한다고 되어 있다. 고양시 또한 해당 지역에 거주하는 사람으로 정하고 있다. 자치구에서는 세금으로 관리하는 도로에 다른 지역 주민이 들어와 장사하는 것에 대해 주민 불만이 크다는 이유를 든다. 특히 최근 민속 오일장이 늘어나면서 노점상의 거주지 제한 적용도 늘었다. 해당 자치구 주민에게만 노점 등록을 허용해야 정치·행정적 부담이 없고 관리가 쉬우며 지역사회의 지지를 쉽게 끌어낼 수 있다는 논리다. 하지만 이러한 정책은 상인의 거주 이전의 자유와 직업 선택의 자유를 침해한다. 노점상을 하나의 직업으로 인정하지 않고 지역의 관리 통제 대상으로 만드는 전형적인 탁상행정이다.

노점상 재산 규제

재산 조사는 노점상 자격 논란으로 이어진다. '가난한 사람'을 어떻게 규정할 것인가? 다시 광명시 조례 제4조 3항을 살펴보면 "본인 및 배우자 소유의 부동산, 「국민기초생활 보장법 시행령」에 따른 임차보증금과 금융재산 및 자동차를 합하여 2억5,000만 원 미만인 사람에 한하여 허가"한다고 되어 있다. 노원구는 2013년 '노점관리 운영규정'을 제정해 "시설물 운영자 또는 배우자의 건강보험료 납부 명세와 주택임대차 계약서로" 재산 소유액을 파악하고 "시설물 운영자 본인 및 배우자 소유의 부동산과 금융재산을 조회하여 합산한 재산총액에서 금융기관의 융자금 및 사채 금액을 제외한 재산액이 가구원 2인 이하 3억, 가구원 추가 시 1인당 3000만 원"이라는 조건을 충족해야 '생계형 노점상'으로 인정한다고 한 바 있다.

당시 노점상 단체는 재산 기준을 3억으로 상향 조정하고 신규 노점 허가 대상을 국민기초생활보장제도 수급자, 등록 장애인, 국민건강보험공단 등록 중증환자 배우자, 다둥이 가정, 한 부모 가정, 다문화 및 위기 가정, 기타 저소득층으로 할 것을 요청했지만 합의에 이르지 못했다.

노점 운영기간 제한과 계약 갱신

노점 운영 기간도 제약의 대상이다. 계약 갱신과 관련해 많은 자치단체가 점용 허가 기간을 1년 이내로 둔다. 연장이 가능하지만 운영자가 사망하거나(배우자 승계 시 제외) 점용 허가의 권리나 의무를 양도했을 때는 갱신할 수 없다. 서울특별시 보도상영업시설물 관리 등에 관한 조례에 따르면 "점용허가 기간은 1년의 범위 안에서 1

회에 한하여 갱신"할 수 있다. 고양시는 1년 단위로 계약하며 협약사항 이행, 위생 상태, 점용료 납부 여부 등을 조사해 재연장 여부를 검토했다. 부산 동구의 경우 노점 영업을 '현 대상자'로 한정하고 가족이나 친지에게 대물림하는 것을 금지했다. 허가받지 않고 도로를 점용하는 경우에는 2년 이하의 징역 또는 700만 원 이하의 벌금에 처한다. 광명시에선 조례에 따라 점용료를 납부해야 하고, 허가 면적을 초과해 점용한 경우 300만 원 이하의 과태료가 부과된다. 허가 기간이라도 시장이 공익상 필요하다고 판단하면 허가사항을 변경, 취소할 수 있게 되어 있다.

이처럼 여러 자치단체가 언제든 노점 허가를 취소할 수 있고 손해배상도 청구할 수 있는 방안을 마련해 놓았다. 많은 노점상이 1~2년이라는 기간의 제한을 받으며 장사를 허가받는 대신 각종 금지사항과 규제에 시달린다. 규제를 3번 이상 어기면 '삼진 아웃'에 따라 허가가 취소된다.

신규 노점상 배제 및 규제

실직과 폐업으로 새로 진입한 신규 노점상들은 점유 공간이 없어 떠돌거나 정착을 시도하던 중 표적 단속되는 일이 많다. 노점관리대책에는 신규 상인에 관한 아무 대책이 없고 이들은 아직 노점상 단체로 조직되어 있지도 않아 단속에 쉽게 내몰리고 있다.

이와 관련해 2019년 7월 17일부터 23일까지 송파지역 노점상들이 서울시농수산식품공사 로비에서 농성을 벌인 일이 있다. 이 지역 노점상 김우성 씨에 따르면 송파지역 노점상은 가락시장 현대화 사업과 관련해 서울시농수산식품공사와 협의체를 구성하고 2015년부터 대화를 시도하던 중이었다. 그러나 노점이 늘어나는 것을 막으려던 공사는 신규 상인 두 사람을 식품위생법 위반으로 고소·고발 조치했다. 노점상들이 신규 노점상 두 사람의 생존권을 위해 농성하며 저항한 끝에 공사로부터 사과와 고소·고발 취하를 받아냈다.

경기 침체에도 불구하고 과거와는 달리 노점상이 크게 늘지 않는 이유는 이처럼 자치단체의 강력한 억제 때문이다. 특히 거리 곳의 CCTV와 전산화된 시스템으로 노점상이 거리에 새로 진입하기란 매우 어렵다. 노점관리대책의 가장 큰 피해자가 조직되지 않은 신규 노점상이라고 할 수 있다.

노점상 조례와 노점상 가이드라인

서울시는 2017년에 노점관리대책을 조례로 만들고자 했으나 반발에 부딪혀 포기하고 대신 '가이드라인'을 제출한다. 가이드라인이 법적 구속력이 있는 것은 아니지만, 현장에서는 조례처럼 운영된다. 2019년 7월 19일 동대문역사문화공원역에서 열린 노점상 집회에서 참가자 우종숙 씨는 중구청의 가이드라인을 비판했다. 가이드라인에 따르면 운영자가 사망한 경우를 제외하면 노점상을 승계할 수 없다. 그리고 이런 내용조차 노점상과 아무 협의 없이 만들어졌지만, 노점 상인에게 가이드라인은 법률처럼 매우 강력한 기준이 되고 있다.

노점상 단체는 이에 반발해 기자회견이나 집회를 개최하며 적극적으로 활동했다. 2019년 6월 5일에는 서울

2019년 6월 서울시 노점상 가이드라인 철폐 기자회견

시청 앞에서 수십 개 단체와 함께 '노점상 가이드라인 철폐와 자율권 보장 촉구' 기자회견을 열었다. 당시 민주노점상전국연합 최영찬 위원장은 "서울시 노점 가이드라인은 대표적인 생존권 탄압 정책"이라고 비판했다. "소수 노점 단체를 포섭해 상생과 협치를 가장하고 비현실적인 규제 조치를 통해 수많은 상인을 배제"했다는 것이다. 그에 따르면 영등포구 영중로에서 노점 가이드라인을 적용한 결과 60%의 노점상이 한순간에 장사 자리를 잃었다고 한다.

여러 노점상과 노점상 단체가 노점관리대책의 문제를 제기하고 있지만, 서울시 각 구청의 노점 단속 부서는 노점 관리 현황 및 감축 방식의 성공 사례를 공유하고 포상하고 있으며 전국의 지자체도 이를 벤치마킹해 노점관리대책을 적극적으로 추진하고 있다.

4.
노점상 총량제의 결과는?

직접적인 단속과 노점관리대책뿐만 아니라 간접적인 단속인 '과태료' 부과도 노점상의 생계를 위협하고 있다. 2014년 과태료 부과액 자료에 따르면 강남구가 1억 5,637만 원으로 가장 많았다. 다음으로 중구 1억699만 원, 중랑구 5,958만 원, 마포구 4,238만 원 순이었다. 과태료 외에 식품위생법 위반 벌금과 도로 점용료까지 포함하면 이보다 두 배 이상을 노점상으로부터 거둬들인 것으로 보인다. 강남에서만 전체 예비비를 포함해 7억 2,800만 원이 넘는 용역비가 책정되고 노점 단속에 집행되었다. 또한, 강남구는 총 1,524건으로 25개 자치구

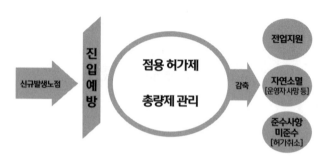

[그림2] 서울시 노점 감축 방안. * 출처: 서울시 가로환경개선추진단, 2009

별 노점 단속 건수에서도 압도적인 1위를 차지했다.[62] 전국 어느 도시보다 강남이 노점상에게 배타적이라는 것을 알 수 있다.

	노점 단속 인력 및 예산	비고
중구청	대집행 6억 원, 무기계약직 1명 4,000만 원	무기계약직 예산 감소
서대문구청	무기계약직 3명 2억1,000만 원	
종로구청	계약직 5명 1억9,000만 원, 대집행 3억8,000만 원	
마포구청	계약직 6명 2억4,000만 원	
동작구청	대집행 2억 원, 계약직 5명 1억5,000만 원	

---

62 '불법 노점 아닌 합법 노점 운영할 수 있게 해 달라는 요구', 위클리서울, 2014. 12. 3.

금천구청	대집행 2,000만 원	2018년 예산 0원
도봉구청	상시용역 3억5,000만 원	
노원구청	계약직 8명 2억6,000만 원	
성북구청	계약직 5명 1억6,000만 원	
강북구청	대집행 2억1,000만 원	
서초구청	계약직 5명 1억1,000만 원	예산 감소
영등포구청	대집행일반 2억 원, 여의나루 대집행 1억 원	여의나루 단속 의지
중랑구청	단속보조원 2명 3,500만 원	특화거리 조성 8억5,000만 원
관악구청	계약직 4명 3억6,000만 원	
구로구청	정비 및 사후관리 용역 8억7,000만 원	
시흥시청	공공용지 불법행위 예방 정비용역 8억8,000만 원	
김포시청	정비용역 2억 원	예산 급증

[표2] 2019년 노점 단속 예산 편성 현황. * 출처: 민주노점상전국연합

2019년 민주노점상전국연합은 서울지역 일부 구청 홈페이지에 공개된 건설관리과, 도로관리과, 가로환경과, 경관디자인과 등의 예산서를 조사했다. 각 지자체의 예비비를 뺀 금액이 위 표에 나타난 단속 예산 편성 현황이다. 서초구청 등 일부 지자체에서 예산이 감액된 이유는 이미 단속이 완료되었고 이후 이들을 관리하는 방식으로 바뀌었기 때문이다.

구분	2016년	2017년	2018년	2019년	2020년	2021년9월
수량(개)	7,718	7,307	6,669	6,296	6,079	5,873
증감(%)	-4.0	-5.3	-8.7	-5.6	-3.5	-3.3

[표3] 2021년 연도별 노점 수 변화 * 출처: 서울시 도시교통과

이른바 '노점상 총량제'의 결과 서울시 노점은 2007년 12,351개에서 2016년 7,718개로 감소했다. 매년 이어진 감소세에 코로나19까지 겹쳐 2021년 9월 기준 서울시의 전체 노점은 5,873개로 줄었다.[63] 한편, 소상공인 실태조사에 따르면 전국의 전통시장 안 점포는 22만 8,384개이며 이 가운데 노점상은 4만3,970개로 보고 있다. 물론 기관과 노점상 단체가 노점상을 정의하는 기준이 다르기 때문에 정확하다고 보기 어렵다. 청계천과 동묘 일대만 하더라도 토요일과 일요일 장이 서면 순식간에 수많은 노점이 들어찬다. 계절과 기후의 영향을 받는 노점의 특성상 노점 숫자를 정확히 파악하기란 쉽지 않다. 그러나 노점 개수가 점차 감소하고 있다는 것도 분

---

63 '"내 생계는 무허가"…합법적으로 사지 내몰리는 노점상들', 경향신문, 2021. 10. 26.

명한 사실이다.

2021년 봄, 정부는 총 564만 명의 소상공인과 고용 취약계층에게 '4차 재난지원금' 지급을 검토했다. 소득 감소 등으로 생계에 어려움을 겪는 한계 근로 빈곤층 80만 가구에 한시 생계지원금 50만 원을 지급하고, 지방자치단체 등이 관리하는 약 4만 개의 노점상에 대해 사업자 등록을 전제로 50만 원씩 지원한다는 방안이었다. 여기서 '지방자치단체 등이 관리하는' 4만 명가량의 노점상이란 점포 임대료와 도로점용료 등을 내는 사람을 말하는데 이 숫자는 불분명할뿐더러 객관적이지도 않다. 서울시에서 자체 집계한 노점 숫자가 2021년 6,000개 미만인데 '허가받은 노점상 4만 명' 운운은 비약이 아닐 수 없다. 실제로 2021년 7월에 '소득안정지원자금'을 신청한 노점상은 600여 명뿐이었다. 일회성인 지원금을 받기 위해 사업자 등록을 하고 세금과 건강보험료의 부담을 떠안을 수 있는 노점상이 몇 명이나 될지 생각해본다면 이런 지원 방침이 얼마나 비현실적인지 알 수 있다.

5.
노점상 문제에 대한
다양한 관점

노점은 일반적으로 저소득층의 생계 수단으로 인식된다. 그러나 사람들은 노점이 보행과 교통에 방해가 된다고 느낄 때 즉각 부정적인 시각으로 돌아선다. 이는 생계형 상인이라면 일정한 원칙 아래 허용해야 하지만, 문제를 일으키는 상인은 단속해야 한다는 이중적 태도를 낳는다.

시민단체도 성향에 따라 노점 관련 문제에 다양한 관점을 가진다. 강력한 노점 단속이 미봉책에 불과하다고 보는 점에선 공통적이다. 환경단체의 경우 도시 미관 차원에서 접근해 노점 정비가 필요하다고 보는 곳도 있다.

사회·복지와 관련한 단체들은 노점상 생존권 보장 차원에서 적정 규모의 노점을 인정하고 '관리 중심'의 생계 대책이 마련돼야 한다고 주장한다. 일부 전문가도 비슷한 입장이다. 생계 방편이자 사회안전망 유지로써 노점상을 긍정적으로 보며 도시에 활기를 불어넣는 '풍물적' 기능도 인정한다. 노점상을 규제하거나 활성화하기 위해 자치단체 특성에 맞는 등록제, 허가제 등의 도입이 필요하다는 의견도 있다.

자치단체 공무원은 직업 특성상 노점상을 단속 대상으로 인식한다. 노점상을 인정하면 숫자가 늘어날 것을 우려하기 때문이다. 그러나 최근 일부 자치단체의 의식이 바뀌기 시작했다. 법과 현실의 커다란 괴리를 메우기 위해 '단속 위주'가 아닌 '관리 위주'로 전환하자는 시각이다. 대신 새로 발생하는 노점상은 강력히 단속해야 한다는 것이다. 비슷한 상품 판매를 둘러싸고 경쟁하는 상가와 점포주는 노점상을 단속해야 한다는 입장이지만, 영업에 방해가 되지 않는 범위에서 상생하며 상가가 활성화된다고 보기도 한다.

생계 수단이자 본업으로 노점을 하는 노점상은 단속

과 정비를 생존권 탄압으로 여겨 저항할 수밖에 없다. 일부는 노점관리대책을 받아들이기도 하지만, 대다수는 경험적으로 이를 거부하고 있다. 특히 신규 상인은 노점관리대책의 사각지대에서 단속의 대상일 뿐이기에 더욱 거부하게 된다.

노점상 자신은 당연히 생계수단이기에 본업이 된다. 따라서 단속과 정비를 탄압으로 간주하고 생존권 쟁취를 위해 저항하게 된다. 대안으로 일부는 관리대책을 받아들이기도 하지만 경험적으로 줄어드는 원인이기에 거부한다. 특히 신규 상인은 노점관리대책의 사각지대에 놓여 단속받기에 더욱 거부하게 된다.[64] 이처럼 노점상 문제에 관한 시각이 다양한 만큼 '불법', '단속' 기준은 일부의 경험과 사회적 위치에서 반영된 것이라는 점을 주의해야 한다.

---

64 서울시정개발연구원 · 한국도시연구소, '제4장 노점상 문제에 대한 각계의 인식', 『노점상 관리방안 중 · 장기대책 모색』, 서울특별시 건축지도과, 2001, 91쪽.

6.
노점상 정책을 위한 방향

노점상의 생존권을 보호하고 사회 구성원으로서 공존하기 위해서는 정책적, 사회적으로 다음과 같은 노력이 요구된다.

첫째, 노점상의 노동을 권리로 보장해야 한다. 2002년 국제노동기구(ILO)는 총회에서 "노점상을 포함한 비공식 경제에 종사하는 노동자들의 권리를 보장해야 한다"라는 국제 결의를 한 바 있다. 한국에서는 여전히 현행 법상 노동권을 임금노동자에 제한된 권리로 본다. 사전적이고 넓은 의미에서의 '노동권'에 따르면 노동 능력과 의욕을 가진 사람 누구나 사회적으로 노동할 기회를 보장받아야 한다. 노점상의 노동 행위는 노동자의 권리로써 보장되어야 하며, 이들이 원활히 장사하는 데 어려움이 없도록 전기, 물, 가스의 공급 등 안정적 환경 또한 보장되어야 한다. 최후에 선택하게 되는 직업인 노점상을 공식 노동이 아니라는 이유만으로 단속과 차별 그리고 폭력의 대상으로 삼아서는 안 된다.

둘째, 사회적 약자인 노점상에 대한 복지 지원이 필요하다. 노점 운영 가구를 대상으로 한 경제 상태 조사[65]에 따르면 2020년 월평균 가구 총소득이 182만2,000원이었고 이들 가운데 집을 소유한 가구는 38.7%뿐이었다. 통계청 조사에 따르면 2021년 4분기의 전체 월평균 가구소득은 464만2,311원이고, 전국 평균 자가 점유 비율은 2020년 기준 57.3%다. 이는 노점상이 가난한 이들임을 실제로 증명하는 지표다. 그런데도 정부가 4차 재난지원금 지급 대상에 노점상을 포함하려 하자 언론은 노점상이 탈세의 온상인 것처럼 공격하며 찬반 논쟁을 부

---

[65] 민주노점상전국연합·빈곤사회연대·도시연구소, 《코로나19 시기 노점상의 소득 감소와 삶, 그리고 대안》, 2021, 29쪽.

추겼다.

서울시 조사에 따르면 노점상은 대부분 차상위 계층이거나 주거가 불안정한 사람들이다.[66] 그리고 가난의 문제는 단순한 소득을 넘어 주거환경, 문화, 심리적 측면까지 다양한 차원에서 검토되어야 한다. 노점상은 이러한 현실 외에도 단속과 사회적 편견이라는 고통까지 떠안고 있다. 최근에는 기후 조건과 코로나19의 확산과 같은 변수 때문에 더욱 생계를 꾸리기 어렵다. 노점상이 가난한 사람들이라면 이런 정의에서 출발해 구조적인 시각으로 문제를 바라봐야 한다. 한때 우리 사회가 '포용적 복지국가', '혁신적 포용 국가'를 지향했지만, 노점상에게 현실은 그다지 혁신적이지 않다. 사회적 필요 요구를 충족시킬 수 있는 소득의 보장과 주택, 의료, 교육 등 사회안전망과 복지정책이 충분하지 못하고 불평등은 여전히 해결되지 못하고 있다. 취약계층의 관점에서 노점상에 대한 지원이 절실하다.

---

66   서울시정개발연구원 · 한국도시연구소, 『노점상 관리방안 중 · 장기대책 모색』, 서울특별시 건축지도과, 2001, 63쪽.

셋째, 노점상을 문제 해결의 한 주체로 인정해야 한다. 국가는 법과 제도, 정치문화와 여론 등 다양한 방법으로 국민을 통제·관리하려는 경향이 있다. 합법과 불법이라는 경계를 기준으로 삼으면 역기능은 곧 혐오 정서로 이어지고 노점상은 사회에 불필요한 악이 되어버린다. 이는 인식의 확산에 그치지 않고 법과 제도로 규제되고 처벌되기도 한다. 이처럼 노점상을 둘러싼 개입과 간섭의 이면에는 부정적 시선이 있고 이것이 결국 차별과 배제로 이어진다.

지금까지 살펴보았듯이 자치단체의 노점관리대책은 노점상을 위한 정책으로 출발했지만, 실제 현장에서는 노점상을 통제하고 그들의 힘을 약화하는 방식으로 작동했다. 그리고 이들을 포섭·관리하면서 이에 순응하지 않는 상인은 배제하고 억압하는 식으로 악용되었다. 채찍과 당근으로 노점상을 길들이려는 노점관리대책이 실제 현장에서 큰 도움이 되지 못하고 많은 상인이 반발하는 이유가 여기에 있다. 이제 노점상에 대한 정부와 지자체의 인식 전환이 필요하다. 단속과 계몽의 대상으로 바라보는 시각에서 벗어나 제대로 된 소통으로 협력할 수 있도록 진정성 있게 노력해야 한다. 아울러 노점상 주체를 인정하고 이들의 주장에 귀 기울이면서 자율적으로 문제를 해결하도록 지원해야 한다. 그래야 지역에서 올바른 '민관 협치'를 모색할 신뢰가 마련될 것이다.

넷째, 노점상 자신도 사회적으로 인정받기 위해 노력해야 한다. 생계를 위해 거리로 나선 사람이지만, 거리는 공공의 공간이며 시민 모두의 소유라는 점을 잊어선 안 된다. 보행권과 도시환경 미화를 위해 질서를 지키며 시민들과 공존할 수 있어야 한다. 그동안 노점상 단체가 역기능을 최소화하기 위한 자체 자율질서 사업을 추진해왔지만, 일반 시민들이 충분히 인정할 수 있도록 피부에 와닿는 실천을 지속할 필요가 있다.

다섯째, 노점상 운동이 활발해져야 한다. 가난한 사람은 도시에서 먼지처럼 부유하거나 정착하지 못하는 그림자 신세다. 특히 서울은 자본 축적 과정에서 어떤 도시보다 급속하게 변화하며 소비 영역을 확장해왔지만, 노점상에겐 가혹할 정도로 비정했고 이는 갈등과 분열을 낳았다. 점차 사라지고 있는 노점상을 깡그리 없앨 것이 아니라 이들도 도시에 살 권리가 있음을 인식해야 한다. 이에 노점상 운동은 도시 공간에서 벌어지는 부조리한 문제에 정면으로 맞서서 삶의 권리, 도시의 권리를 획득해야 한다. 노점상이 장사하는 해당 지역의 조건에 맞는 환경과 개발 등 지역의 여러 사회단체와 함께하는 다양한 사업과 실천이 요구된다.

여섯째, 노점상은 민주 시민은 물론 가난한 사람들과 연대해야 한다. 1980년대 군부독재에 맞선 노점상의 저항에서 알 수 있듯이 노점상 단체는 한국의 민주화운동에 기여한 바가 있다. 2016년 겨울부터 일어난 '박근혜 정권 퇴진 비상국민행동'에는 노점상 단체의 위원장이 공동대표로 참여했고 실무자도 파견했으며 나도 빈민 단위의 공동집행위원장으로 일했다. 촛불집회가 본격적으로 전개되자 노점상 단체는 상인들이 촛불항쟁에 참여하도록 독려했고, 단체의 여성위원회는 노점상 운영 수익을 국민행동 측에 보탰다.

촛불집회가 한창일 때 신촌과 이대 앞, 그리고 홍대 근처 노점상은 탄핵을 기원하는 시민을 대상으로 '무료 떡볶이 시식 행사'를 열었다. 하루 벌어 하루 먹는 노점상이 제 주머니를 털어 시식 행사를 열거나 장사를 접고 광화문광장에 합류하기란 쉽지 않았지만, 이들은 추운 겨울 촛불 시민에게 기꺼이 따뜻한 떡볶이와 어묵 국물을 나눴다. '나쁜 사람에게는 맵고, 착한 사람에게는 달콤한 세상'을 만들기 위해 노력했듯이 노점상 단체는 앞으로도 쫓겨나고 소외되는 이들의 공동체를 확보하고 가난한 자들과 연대한다는 임무를 계속해나갈 것이다.

마지막으로 노점상이 더 발생하지 않도록 경제적 조건과 정치적 배경을 갖추는 일이 근본적 대안이 될 것이다. 한국은 국내총생산(GDP) 규모가 세계 10위권이고, 국민총소득(GNI)은 3만5,000달러가 넘는다. 정부는 선진국이 되었다고 주장하지만, 제대로 된 사회안전망은 경제 수준을 따르지 못하고 있다. 불안정한 일자리로 노동할 권리가 박탈당하고 공식 부문에서 퇴출당하는 사람이 점점 늘어나며, 사회정책 특히 복지정책은 OECD 기준에 한참 못 미친다. 선진국이 되기 위해서는 저성장 시대에 대응하기 위한 노력이 따라야 하며 특히 재벌과 같은 자본의 집중을 실질적으로 규제해야 한다. 정부는 대화를 통한 사회 갈등 해결을 강조하지만, 저항하는 세력에 대해선 포섭과 통제에 기반한 이데올로기 공세를 퍼붓고 있다. 유엔 산하 자문기구인 지속가능발전해법 네트워크(SDSN)가 세계 행복의 날을 맞아 공개한 '2021 세계 행복 보고서2021 World Happiness Report'는 지난해 한국의 행복도 순위를 전체 95개국 중 50위로 집계했다. 우리 사회가 얼마나 각박한지 보여주는 지표다.

이윤만을 좇으며 경쟁으로 치닫는 불평등한 사회에선 안정적인 삶을 기대할 수 없다. 이 문제가 해결되지 않는 한 노점상에 대한 부분적 대안이나 해결방안은 미봉책일 수밖에 없다. 따라서 경제적, 정치적으로 사회를 바꾸려는 궁극적인 해결 노력이 병행되어야 한다.

7.
노점상 특별법 제정의
필요성[67]

지금까지 서술한 문제의식을 토대로 노점상 보호와 대안의 현실화를 위해 '노점상 특별법' 제정을 제안하려 한다. 노점상들이 원하는 노점상 특별법은 노점관리대책이나 자치단체 조례와 다르다. 자치단체의 정책은 노점상을 통제하는 비효율적 대책이기 때문이다.

노점상은 우리 사회에서 가장 오래된 상거래 가운데 하나이고 현실에서 수많은 상인이 노점으로 생계를 유

---

67 이 절은 민주노점상전국연합이 2013년 개최한 정책토론회 자료를 토대로 재구성한 것이다.

2017년 8월 아현동 포장마차촌에서 단속을 당하는 노점상

지하고 있다. 노점을 이용하는 소비자가 엄연히 존재하는데도 불법이라는 사회적 낙인을 찍어 범죄화함으로써 노점상의 기본권은 부당하게 침해되어 왔다. 따라서 실재하는 수많은 노점상 상거래 행위자를 불법의 낙인으로부터 구제하고 거리 질서 유지라는 공익적 요소와 생존권 보장이라는 헌법적 가치를 포함할 제도적 장치가 필요하다. 노점상 단체에서 제안하는 특별법의 주요 내용은 다음과 같다. 이러한 최소한의 조치가 더 보완되어 현실적인 제도로 자리 잡기를 희망한다.

[노점상 특별법 제정 취지와 개요]

첫째. 이 법은 노점상 보호에 필요한 사항을 규정함으로써 노점상들을 사회경제적 주체로 인정하고 생존권적 기본권을 보장하기 위함을 목적으로 함.(안 제1조)

둘째. 제1조의 목적 달성을 위한 정책을 심의·조정하기 위하여 국가 및 지방자치단체에 노점상생존권대책추진위원회를 둘 수 있음.(안 제3조)

셋째. 각 지방자치단체의 노점 정책 추진 시 결과적으로 기존 노점상을 배제하는 재산 제한 기준, 거주지 제한 기준, 기간 제한 기준 등을 둘 수 없도록 제한함.(안 제5조)

넷째. 각 지방자치단체가 노점상에게 부과하는 과태료의 금액 기준과 주기를 제한하고 철거비용 납부의 금액 기준을 제한하여 노점상들의 부담을 완화하도록 함.(안 제6조)

다섯째. 전통시장의 개발과정에서 노점상들이 일방적으로 배제되지 않도록 시장 활성화 및 정비 및 노점상권 관리에 노점상 당사자들의 권리를 명확히 함.(안 제7조)

여섯째. 노점상의 영업 방해나 철거 유도를 목적으로 제기되는 각종 악성 민원에 대한 처리 기준을 명시함으로써 악성 민원으로부터 노점상의 생존권을 보호함.(안 제8조)

일곱째. 노점상들과 일반 시민의 상생과 노점의 공익적 기여를 위해 노점상들 스스로 공중의 통행권 확보와 청결한 위생관리를 위한 자율질서 사업을 추진해야 함을 규정함.(안 제11조)

[노점상 생계보호 특별법(시안)]

법률 제   호

제1조(목적) 이 법은 노점상 보호에 필요한 사항을 법률로 규정함으로써 노점상을 사회경제적 주체로 인정하고 생존권적 기본권을 보장하기 위함을 목적으로 한다.

제2조(정의) 이 법에서 사용하는 용어의 정의는 다음과 같다.

1. 노점상이란 도로나 공공의 장소에서 좌판 또는 간이 진열대 등을 이용하여 물품을 판매하거나 기타 서비스를 제공하여 생계를 유지하는 사람을 말한다.

2. 전통시장이란 전통시장 및 상점가 육성을 위한 특별법 제2조에 규정된 전통시장 및 5일장 등 사회통념상 전통시장이라고 보기에 무리가 없는 곳을 말한다.

3. 단속이란 노점상의 영업을 중단, 제한하기 위해 관리청이 행하는 계고장 발부, 철거 집행, 각종 과태료 및 벌금 부과, 고소고발 등의 제반 조치를 말한다.

4. 악성 민원이란 보행권의 확보, 위생관리의 필요 등 공익적 요소나 민원 제기를 위한 구체적 실익이 없음에도 불구하고 노점상의 영업을 방해하거나 노점상의 정비 유도를 목적으로 행정청에 제기하는 민원을 말한다.

5. 노점 정책이란 중앙정부 및 지방자치단체가 노점상을 관리, 정비, 지원하기 위한 목적으로 수립, 시행함으로써 노점상의 사회·경제적 이해관계에 영향을 미치는 제반 시책들을 말한다.

6. 노점상 조직이란 노점상 스스로 노점상 생존권 유지와 노점상의 사회·경제적 이익을 위해 만들어 운영하는 단체를 말한다.

제3조(다른 법률과의 관계) 이 법은 이 법의 목적의 범위 내에서 다른 법률에 우선하여 적용된다.

제4조(국가 및 지방자치단체의 임무)

① 국가 및 지방자치단체는 노점상들을 사회·경제적 주체로 인정하고 노점상들의 생존권적 기본권을 보장하기 위하여 다음 각 호의 사항에 관한 시책을 마련하여야 한다.

1. 국가 및 지방자치단체는 노점상의 보호를 위한 기본대책을 수립하고 추진한다.

2. 국가 및 지방자치단체는 노점상 보호에 역행하는 조치나 현재보다 보호 수준이 후퇴하는 정책을 취해서는 안 된다.

3. 국가 및 지방자치단체는 단속을 당했거나 위협에 처해 있는 사람에게 적절하고 효과적인 구제책을 마련해야 한다.

4. 국가 및 지방자치단체는 제1항에 따른 시책을 마련함에 있어서 노점상 당사자의 의견을 들어야 하며 노점상의 사회경제적 이해관계에 직접적 영향을 끼치는 시책을 추진할 경우에는 노점상 대표가 참여하는 노점상 대책 정책협의회를 구성·운영해야 한다.

5. 그 밖에 노점상의 생존권 보호를 위해 필요한 사항

도로의 형질 변경 등 노점상의 영업환경 변화 시 노점상의 영업활동 유지를 위해 필요한 조치

제5조(노점 정책의 기준)

① 국가 및 지방자치단체의 노점 정책 수립·시행 시 다음 각 호의 기준을 두어서는 안 된다.

1. 직업 선택의 자유를 침해하는 재산 제한 기준

2. 노점상의 경제적 조건을 고려하지 않는 거주지 제한 기준

3. 지속적인 생계유지를 어렵게 하는 영업 기간 제한 기준

4. 노점상의 영업 유지에 영향을 줄 수 있는 품목 제한 기준

5. 노점상의 동의 없이 개인의 신상 정보 및 금융정보 공개를 강요할 수 없다.

6. 그 밖에 노점 정책의 기준과 관련하여 필요한 사항은 대통령령으로 정한다.

제6조(과태료 특례)

① 노점상에 대해 과태료를 부과해야 할 경우 다른 법령의 규정에도 불구하고 통계청이 발표한 전년도 가구당 월간 중위소득의 50/100을 기준으로 5/100을 초과할 수 없다.

② 노점상에게 과태료를 부과한 이후 1개월 이상의 자율질서 기간을 부여해야 하며 자율질서가 이루어진 경우 같은 사안에 대해 과태료를 부과할 수 없다.

③ 과태료 특례를 위해 필요한 사항은 대통령령으로 정한다.

제7조(전통시장 노점상의 보호)

① 제2조 2호에 따른 노점상들은 전통시장 육성 및 상점가 육성을 위한 특별법에 의하거나 기타 다른 사유로 인해 전통시장의 개발, 정비, 활성화 등이 추진될 경우 일방적으로 시장에서 배제되지 않아야 한다.

② 제1항을 위해 전통시장의 개발, 정비, 활성화 주체들은 상인들의 협의·협력조직과 시장 활성화 등을 위한 기구에 5일장 노점상 또는 노점상 대표를 포함시켜야 한다.

제8조(악성 민원으로부터의 보호)

① 국가 및 지방자치단체는 노점상을 악화시키는 민원 중 다음 각 호의 악성 민원에 대해 처리 불가 통보 등 노점상을 보호하기 위한 조치를 해야 한다.

1. 민원 제기의 구체적 실익이 없는 민원

2. 통행권 확보, 위생관리 등 공익적 요소와 실질적 관련이 없는 민원

3. 노점상의 영업을 방해하거나 노점상의 철거 유도만을 목적으로 하는 민원

4. 기타 악성 민원으로 판단할 수 있는 민원

② 악성 민원을 제기당한 노점상의 정보공개 요청이 있는 경우 국가 및 지방자치단체는 필요한 정보를 제공해야 한다.

③ 악성 민원 처리와 관련하여 지방자치단체는 실정에 맞는 자치 규정을 만들어 운영할 수 있다.

제9조(노점상대책정책협의회)

① 제4조 제6항에 따라 국가 및 지방자치단체가 노점대책정책협의회를 구성할 때에는 협의회 구성원의 1/3 이상을 노점상 대표로 구성해야 한다.

② 노점상대책정책협의회에 참여하는 노점상 대표들은 해당 지역의 노점상들의 2/3 이상을 대표할 수 있어야 한다. 단 5개 이상의 광역시·도에서 지역조직을 운영하고 있는 전국조직의 대표가 참여할 경우에는 그러하지 아니하다.

③ 기타 노점상정책대책협의회 구성 및 운영에 관하여 필요한 사항은 대통령령으로 정한다.

제10조(노점상 조직)

① 노점상 조직은 노점상의 생존권 보호와 사회·경제적 지위 향상이라는 본래의 존립 목적에 충실하게 운영되어야 한다.

② 노점상 조직은 소속 회원들의 의견을 민주적으로 반영하는 의사결정 구조를 갖추고 있어야 한다.

③ 제9조의 노점상대책정책협의회를 구성함에 있어 국가 및 지방자치단체는 노점상 조직의 대표를 노점상 대표로 갈음할 수 있다.

제11조(노점상의 자율질서)

① 노점상은 공중의 통행권 확보와 청결한 위생관리를 위한 자율질서 사업을 수행해야 한다.

② 지방자치단체는 자율질서 사업을 위해 노점상과 노점상 조직의 요청이 있는 경우 적극 협력해야 한다.

부칙

제1조(시행일) 이 법은 공포한 날부터 시행한다.

8.
노점상과 더불어 사는
도시를 위해

노점상을 둘러싼 상황과 현실을 살피고 노점상을 아무
리 긍정적으로 이야기해도 근본적 인식이 변화하지 않
으면 쟁점은 평행선을 달릴 뿐이다. 노점상 생존권을 진
전시키기 위해 노점상의 계급적 지위와 성격을 원론적
으로 파악해 보려 한다. 가는 길이 다소 복잡하더라도
목표가 분명하면 나아갈 지혜가 생길 것이다.

사람들은 흔히 자신의 사회적 지위를 중간층, 중산층
으로 분류한다. 이때 중산층은 상류층으로 올라서기 위
한 징검다리이고 하류층과는 경제, 문화의 측면에서 질
적으로 다르다고 생각한다. 신기루와 같은 '중산층 신

노점상의 오래된 먹거리 어묵과 떡볶이

화'는 노점상에도 쉽게 나타난다. 현실이 그렇지 못하지만, 많은 노점상이 노력하면 언제든 가난의 굴레를 벗어나 중산층이 될 수 있다고 믿는다. 이처럼 사회구조를 계층으로 분류하는 이론을 '계층론'이라고 한다. 계층은 단순히 소득 수준에 따라 층위를 나누는 등 양적 분류의 성격을 띠는데, 어떤 기준을 가지고 몇 개의 층으로 나눌 것인지가 문제가 된다.[68] 이와 연동해 노점상을 영세

68   이재유, '계층, 민중, 시민은 계급과 어떻게 다른가', 『계급』, 책세상, 2008, 14쪽.

상인 계층으로 파악하는 시각이 있는데 이는 단속의 근본 원인을 밝히고 이들을 주체로 나서게 하는 데 한계가 있다.

그렇다면 노점상은 어떤 범주로 보아야 할까? 고전적 정치경제학에서는 노점상을 '광의의 노동자계급의 범주'에 속하는 사람으로 규정한다. '계급'은 경제제도 혹은 생산의 사회적인 체제에서의 인간의 위치를 말하며, 나아가 생산관계 안에서 차지하는 지위, 생산수단의 소유관계에 의해 규정된다. 이러한 관점에 따라 자본주의 사회에서 노동자계급은 '생산수단을 가지고 있지 않기에 생계를 위하여 자신의 노동력을 팔 수밖에 없는 임금노동자'로 정의된다. 그리고 다양한 부문별 직종별 및 그 밖의 집단으로 이루어진다. 직접 잉여가치를 생산해내는 노동자와 그 가치를 자본의 유통과 사회적인 총자본의 재생산을 통해 이윤으로 실현하는 사무, 판매, 전문직 노동자, 소규모 영세업체 임노동에서 의해 생계를 꾸려가는 이들을 포괄하는 개념이다.[69]

---

69 위의 책, '계급의 역사', 22~23쪽.

1980년대 이후 노점상은 하나의 계급적 주체가 되어 전체 사회운동 안에 자리매김했다. 그리고 단속받는 가난한 상인이라는 인식을 넘어 노점상의 노동을 인정받고 노동자의 권리를 동등하게 부여받기 위해 실천해왔다. 하지만 노점상이 노동자이기 위해서는 더 살펴봐야 할 것들이 있다. 자본주의 사회에서 노동자는 생산수단을 소유한 자본가에게 자신의 노동력을 팔아 생활하지만, 노점상은 생계수단인 손수레 등을 소유하고 있으며 고용되지 않은 자유로운 상태다. 이처럼 전통적인 생산관계에 편입된 것이 아니기에 직접적 노동자와 차이가 있다. 그리고 열악한 주거환경과 불안정한 삶, 낮은 소득과 그에 따른 소비 조건을 고려해 노점상은 '도시빈민'으로 이야기되었다.

마르크스는 자본주의적 축적 과정에서 빈민이 필연적으로 등장하고 상대적 과잉 노동자 인구가 창출된다고 보았다. 연구[70]에 따르면 이 과잉인구를 다음과 같이

---

70   최우익, 「한국 사회 도시 반프롤레타리아의 사적형성과정에 대한 일 연구」, 서강대학교 사회학과 논문, 1989.

분류할 수 있다. 상대적 과잉인구 안에서 잠재적 과잉인구는 농업의 자본주의적 경영에 따라 농업에서 배제되어 도시의 공장 노동자로 전환되는 과정에 놓인 농업노동자 인구를 가리킨다. 그리고 유동적 과잉인구는 근대산업의 중심에서 방출되거나 때로는 흡인되면서도 생산 규모에 비해 이윤이 끊임없이 감소함으로써 생기는, 취업과 실업을 오가는 산업노동자층으로 이뤄진다. 정체적 과잉인구는 현역 노동자이면서도 취업이 극히 불규칙한 집단으로서 자유롭게 이용될 수 있는, 노동력의 마르지 않는 저수지를 자본에게 제공하며 노동자계급보다 못한 생활을 영위하는 계층을 말한다. 이들은 소위 영세상업 종사자 또는 노점상, 중소 영세기업의 노동자, 가내노동자 등으로서 '도시 반﹡프롤레타리아'에 해당하며 노동자계급의 순환계열상 일부를 이룬다. 마지막으로 피구휼 빈민은 상대적 과잉인구의 가장 밑바닥에 존재하는 룸펜 프롤레타리아와 노동 무능력자로 구성되는 빈곤층이다. 그런데 잠재적·유동적 과잉인구는 점차 정체적 과잉인구로 이행하며 상대적 과잉인구는 궁극적으로 정체하면서 사회 저변에 광범위하게 누적된다.

이에 따르면 노점상을 '정체적 과잉인구'로 볼 수 있다. 즉 광범위한 의미에서 '노동자 계급'의 일부라는 뜻으로 해석된다. 자신이 소유한 좌판에 의지해 장사하는 노점상은 작은 규모의 생산수단을 가진 소유자 기질이 있고, 이로 인해 직접적 노동자라는 주체적 의식을 갖기 쉽지 않다. 이를 뒷받침하는 의견으로 일각에서는 2009년 용산참사가 벌어졌을 때 일부 노점상 단체가 연대를 회피한 점을 지적한다. 사회운동에 복무하고 연대하는 한 주체로서 한계가 드러난 것이다. 서울시를 비롯해 전국에 확산한 노점관리대책에 따라 부분적 허가제를 수용하며 노점상의 생존권 저항이 약화되리라는 전망도 있다. 하지만 노점상의 저항이 자기 생존권을 지키려는 데 그쳐 사회 문제로 시야를 넓히지 못했다는 지적은 도움이 되지 않는다. 그런 주장은 노점상 운동의 일면만 바라보는 시각으로, 이들이 사회 진보와 발전 과정에서 하나의 저항 주체로 정립할 가능성을 원천 봉쇄하기 때문이다. 노점상의 저항은 생존권이라는 매우 제한된 영역에서 출발하지만, 조직을 이끄는 '주체의 의지'에 따라 노동자 민중과 함께 '총체적 사회변혁'의 일원으로 나설 수 있다.

1980년대와 1990년대 초에도 노점상 '배제와 포섭' 정책은 있었고, 노점상은 치열하게 자신을 지키며 독자성을 유지했다. 설령 노점관리대책으로 다수를 배제하고 일부를 포섭하려는 움직임이 있다 하더라도 '운동 주체'의 적극적인 노력과 실천을 통해 충분히 극복할 수 있다. 현 시기 노점상뿐만 아니라 많은 대중조직이 '조합주의와 경제투쟁'을 넘어서지 못하고 자신을 사회 전체적인 맥락에서 파악하지 못하고 있는 것도 현실이다. 하지만 노점상이 노동자로 자신을 규명하는 문제는 결국 계급적 의식으로 나아가야 한다는 뜻이고, 자신의 활동을 사회 전체적인 계급적 저항으로 발전시키려는 의식적 노력이 필요하다는 것이다. 따라서 재차 '운동 주체'의 적극적인 노력과 실천을 강조하고자 한다.

또 다른 시각은 노점상을 도시문제로 바라보는 시각이다. 자본 축적의 모순은 생산 현장뿐만 아니라 도시공간에서도 첨예하게 드러난다. 『유토피아』에 등장하는 '인클로저enclosure'로 노점상과 철거민이 개발로 밀려나는 문제를 설명할 수 있다. 15세기 말에서 17세기 중반의 유럽에선 양모 가격의 급등으로 봉건 영주들이 곡물 경작지를 목장지로 전환했고, 농경지 감소로 일자리를 잃는 사람들이 생겼다. "양들은 언제나 온순하고 아주 적게 먹는 동물이었습니다. 그런데 이제는 양들이 너무나도 욕심 많고 난폭해져서 사람까지 잡아먹는다고 들었습니다. 양들은 논과 집, 마을까지 황폐화시켜 버립니다. 아주 부드럽고 비싼 양모를 얻을 수 있는 곳이라면 어디에서든지, 대귀족과 하급 귀족, 심지어 성무를 맡아야 하는 성직자들까지 옛날에 조상들이 받던 지대地代에 만족하지 않게 되었습니다."[71]

이러한 문제는 역사적으로 몇 차례에 걸쳐 발생한다. 18~19세기 인구 증가에 따라 식량 수요가 급증하자 농업 생산성을 향상하기 위해 자유롭게 쓰던 개방지에 대한 절대적 소유권과 토지의 사유재산 제도가 확립되고, 토지 병합과 대토지 소유를 통해 농업 경영이 이뤄진다. 이를 국가의 입법 과정과 정책 개입을 통한 '인클로저'라 불렀다. 이를 통해 한쪽에서는 자본주의적 생산

---

71 토머스 모어, 『유토피아』, 주경철 옮김, 을유문화사, 2007, 28쪽.

관계와 근대적 임금노동자가 만들어지며 산업도시 형성을 촉진하게 되었고, 생산수단으로부터 사람의 분리는 노동력 이외에 달리 생존수단이 없는 인구를 만드는 과정이었다. 이러한 '본원적 축적'이 자본주의 발전의 기반이 되었다. 가장 냉혹한 변화는 무엇보다 '토지인클로저'였다. 이는 여러 본원적 축적 메커니즘 가운데 하나였지만 사유재산권의 법제적 정착과 공간 편성을 이뤘다. 특히 전개 과정은 형식적으로는 합법적이었으나 탈취 형식을 취한 것이고, 실질적으로는 공유지에 대해 전통적인 권리를 갖고 있던 농민들이 접근권을 상실함으로써 임노동 관계의 발전과 산업도시 형성을 가져왔다.[72]

문제는 위와 같은 현상이 현재의 도시에서도 반복된다는 점이다. 한국전쟁을 거치고 1960년대부터 본격적인 경제개발 정책이 시행되며 농촌인구가 도시 노동자로 편입되고 달동네와 판자촌을 중심으로 무허가 정착

---

72 김용창, '도시 인클로저와 거주 위기, 거주자원의 공유화', 《위기의 도시 희망의 도시 심포지엄 자료집》, 2016.

지가 급속하게 확장된다. 사람들이 몰려들자 대도시에서 많은 사회문제가 생기는데 대표적인 사건이 1971년 경기도 광주에서 벌어진 가난한 이들의 항쟁이다.[73] 이는 서울시가 달동네 주민들을 현재의 성남시로 강제 이주시키는 과정에서 주민 5만여 명이 무계획적인 도시정책과 졸속행정이라며 반발하고 대대적으로 저항한 사건이다. 이러한 크고 작은 갈등은 1980~90년대를 거쳐 반복적으로 이어지며 도시문제화되었다.

2000년대 '뉴타운 재개발'도 서울의 역사와 문화·환경을 복원하고, 강남과 강북의 균형 발전을 위한다는 명분으로 추진되었지만, 결국 원주민과 상인은 삶의 터전에서 밀려났다. 2009년 1월 20일 서울 용산 재개발 문제로 철거민과 경찰이 대치하던 중 6명이 사망하고 24명이 다친 사건도 결코 우연이 아니다. 용산 참사 희생자인 철거민 이성수 씨는 경기도 수지에서 노점상을 하던 상인이었다. 이성수 씨는 낮에는 장사를 하고 집으로 돌아가서는 주거 공간을 지키기 위해 싸웠다. 뉴타운 재개

---

73   김수현, 「1971년 광주대단지 사건 연구」, 서강대학교 논문, 2006.

발에 몰두하던 당시 오세훈 서울시장은 무상급식 문제로 사퇴했지만 2021년 서울시장 보궐선거에서 다시 당선된다. 이때 오세훈 시장은 '주택 공급 가로막는 도시계획 규제 혁파', '민간 재개발 재건축 정상화' 등 규제 완화 공약을 내걸었다.

거대한 건물과 아파트가 도시를 차곡차곡 채웠지만, 높아지는 임대료와 집값을 감당하지 못하고 주민이 떠나는 상황은 계속되고 있다. 노량진수산시장 상인을 상대로 한 대대적인 대집행의 배경에는 '현대화'라는 이름의 돈에 눈먼 욕망이 있다. 사회적으로 자주 언급되는 '젠트리피케이션'도 새삼스럽지 않다. 이미 오래전부터 가난한 지역의 개발과 임대료 상승으로 살던 사람들이 밀려나고 있었다. 이로 인해 지역 특성이 사라지는 현상은 도시화가 심화하면서 나타난 필연적 과정이었다. 노점상 단속은 이러한 도시 재편 과정에서 탄생한 다양한 사건 중 하나로 볼 수 있다.

'사회적 노동력의 확대재생산을 위한 물질적 자원의 총체'로서 도시는 자고 일어나면 공사판이 벌어지는 곳, 도로가 파헤쳐져 과거를 돌아볼 공간이 점점 사라지는 곳이다. 이는 모두의 불행이 되고 있다. 생산활동에 직접 사용되지 않더라도 주택을 비롯해 의료, 스포츠, 교육, 문화 및 공공 운송과 공공장소는 도시에서 경제활동을 원활히 하고 사회적 재생산을 돕는 기반 시설이다. 따라서 국가는 도로, 항만, 철도 등 기반 시설을 구축하고 관리한다. 나아가 도시는 사회적 재생산을 위해 도시 공간 내 노동력 재생산 비용을 낮춰 저임금을 유지하려 한다. 특히 상품 생산을 통한 자본의 축적은 도시 공간, 곧 토지와 부동산에 대한 투자와 투기를 통해 확장된다. 자본주의의 진행에 따라 공공자본의 부담도 국민에게 충당되고 이 과정에서 누군가는 배제당하거나 소외당한다. 즉 철거민과 노점상과 같은 도시 빈민이 생긴다. 그리고 공공장소의 점유 또는 이용과 관련해 계급 갈등이 발생하게 된다.[74]

한국에서는 신자유주의 경제 질서와 IMF 구제금융 이후 경기부양책으로 갈등이 증가하자 김대중 정부와 노무현 정부를 거치며 아래로부터의 통합이 강조된다. '사

---

74 '도시와 정의, 도시와 권리', 한국공간환경학회 학술대회, 2010. 12. 3.

회적인 것을 통한 위기관리', 즉 '사회관리정책'에 기반한 '신 거버넌스론', '신 공공서비스론' 등 '사회 자본론'의 중요성이 부각되었다. 노동자에게는 노사협력이 강조되고 지역에서는 지역공동체 운동 사업과 함께 '마을 만들기 사업'이 유행처럼 전개된다. 이러한 사업의 공통점은 전문가 집단뿐만 아니라 주민들이 주도하거나 계획하고 참여하는 것처럼 보이고, 물리적인 것만이 아니라 주민들의 생활양식과 관계성까지 포괄하는 것으로 이해된다는 점이다. 특히 문화적으로는 과거의 기억을 복원하고 공동체적 향수를 자극하며 이를 회복하는 방향으로 나아간다. 혁신, 신뢰, 협력, 친밀성, 지속가능성 등을 강조한 노점상 '상생위원회', 이를 통한 노점관리 대책도 넓게는 이러한 현상 속에서 배치된 것으로 볼 수 있다. 이렇게 자본주의 체제 아래 도시는 자신을 확대재생산하기 위해 이데올로기를 동반하고 자본 축적의 위기를 극복하기 위해 노력하지만, 장기적 경기 침체와 정치적 불안정성, 코로나 팬데믹마저 겹쳐 구조적 모순은 해결되지 못한 채 한계에 직면했다.

2016년에 개최된 심포지엄 '위기의 도시, 희망의 도시'에서 도시 학자들은 지구화 시대에 도시화가 초래한 문제를 극복하기 위해 '도시를 둘러싼 권리'를 확장해야 한다고 주장했다. 마르크스의 영향을 받은 앙리 르페브르는 산업자본의 생산 현장에서 생산된 잉여가치가 부동산 투자라는 이차적 순환으로 성장하면서 도시공간을 급격하게 변화시킨다고 보았다. 자본주의 도시는 소비의 장소이며 동시에 장소의 소비라는 이중적 성격을 가지며 자본의 권력에 의해 지배되기도 하지만, 다른 한편 대안적인 공간 전유와 생산의 가능성도 포함하고 있다. 이런 점에서 자본주의 시대의 도시공간은 '모순된 공간'이라고 할 수 있다.[75]

노점상 문제를 살펴볼 때 이는 중요하다. 도시 속 노점상이 거리에서 무단으로 장사한다는 것은 용납되지 못했고 이들의 생존권은 보장받지 못했다. 자본이 장악한 공공역사나 쇼핑몰 주변에서 낙인찍힌 사람들은 맥없이 쫓겨날 수밖에 없었고 공권력의 탄압 대상이 되거

---

75 곽노완, 「21세기 도시권과 도시정의의 철학」, 『시대와 철학』 21(4), 한국철학사상연구회, 2010.

나 민간 용역반의 폭력적 단속을 피할 길이 없었다. 유엔은 오래전 특별보고관을 통해 강제 철거 문제를 지적한 바 있다. "폭력적 철거와 강요된 이주는 심각한 국제적인 인권 의제로 부상했다. 강제 철거는 개인과 집단 모두에게 인간이 누려야 할 기본적 인권의 침해와 정치적, 경제적, 사회적, 문화적 권리의 침해를 동반하고 있기 때문이다."(E/CN.4/Sub.2/1993/8, para 21) '도시권' 개념은 교환가치와 이윤 추구의 자본주의적 공간 생산을 넘어, 만남의 공간과 사용가치를 우선시하는 대안작품으로 도시공간을 전유하는 것이며 주변으로 쫓겨나 도심을 강탈당하고 수탈당한 사람들이 이를 다시 전유할 권리를 포함한다.[76]

권리는 어떤 일을 자유로이 할 수 있거나 누구에게나 주장하고 요구할 힘, 그리고 이를 법률적으로 관철하고 이익을 취할 수 있는 것을 말한다. 홉스, 루소, 칸트 등 많은 사상가가 모든 사람의 보편적 권리를 주장했고 미

---

76 강현수, 「도시 연구에서 정의와 권리 담론의 의미와 과제」, 『공간과 사회』 35호, 한국공간환경학회, 2011.

국 독립전쟁과 프랑스 대혁명을 거치며 보편적 인권이 공식 선언되었다.[77] 한편, 보수주의자들은 개인의 자유권을 강조하며 '사적 소유권과 재산권'을 절대화한다. 근대국가는 소유권의 절대성을 인정하면서 성장했고 이렇게 형성된 자본은 이윤을 창출하는 힘이 되었다. 자본주의 초창기 인권은 사적 소유의 권리를 불가침의 권리인 자연권, 즉 인권으로 인정함으로써 부르주아의 권리를 넘어서지 못했다. 그러나 18세기 들어 다수의 '사회권'을 강조하며 시민혁명을 통해 보통선거권이 확보되었고 노동권, 사회보장과 복지, 교육권 등이 보장됨으로써 경제적, 사회적 평등을 구현하려는 노력이 확산되었다. 비로소 자유권에 한정되었던 기존의 인권 개념을 확대한 것이다. 마르크스는 한걸음 더 나아가 자본주의에서 나타나는 인간 소외와 불평등은 자본주의적 사회경제적 관계에서 비롯되는 것으로, 모든 사람에게 동등한 시민적 권리가 추상적 법적 영역에 제한되고 물질적 문

---

77 강현수, 「'도시에 대한 권리' 개념 및 관련 실천 운동의 흐름」, 『공간과 사회』 32호, 한국공간환경학회, 2009.

화적 불평등의 해결에 거의 이르지 못한다는 점에서 공
허한 구호에 머물 수 있다고 봤다. 정치적 시민권의 발
전이 진보적 측면을 갖고 있기는 하지만, 자본주의적 소
유관계를 변화시키지 않는 한 실효성이 없다.[78] '소비'
과정을 둘러싸고 계급 갈등을 모호하게 하고 체제내화
의 방편이 되기도 해 권리에 기초한 요구와 운동은 종이
한 장처럼 가볍지만은 않다고 본 것이다.

처음부터 거리는 보행의 의미를 넘어 사람이 살아가
기 위한 곳이었고 소통하며 삶을 나누던 장소였다. 그러
나 돈이 중심인 사회로 바뀌면서 '소유권 절대'의 원칙
이 견고해지자 남을 밀어내고 부를 축적하는 장이 되었
다. 그리고 사적 소유권은 점점 '신성불가침'이 되어 가
진 자를 보호하는 유리한 논거가 되었다. 이제 도시와
공간은 권력과 돈을 중심으로 재편되어 많은 사람이 제
약받는 것이 현실이다.[79] 이 때문에 실정법을 넘어 새로
운 권리를 찾아가는 것은 사회 정의와 평등, 그리고 인

78   강현수, 『도시에 대한 권리: 도시의 주인은 누구인가』, 책세상, 2010, 89쪽.

79   맥퍼슨, '재산권의 의미', '자유민주주의와 사유재산권', 『재산권 사상의 흐
     름』, 천지, 1993.

간의 존엄성을 확보하기 위한 노력이다. 노점상 운동도 마찬가지다. 먼저 자율성을 통해 생존권을 확보하고 나아가 사회를 변화시키고자 하는 것은 권위주의적 통치에 대한 저항이며, 작은 권리일지라도 관계를 넓혀 민주주의의 공론장을 형성할 계기가 될 수 있다. 그리고 인권의 정치는 제도의 정치가 아니라 운동의 정치이며 차이의 정치다. 인권의 보편성은 원래부터 주어져 있는 것이 아니라 인류가 실천을 통해 쟁취한 것이고, 역사적으로 그 내용이 점차 심화 확장되었다는 것을 인정한다면 인권 혹은 권리를 주장하는 것은 절실한 일이다.[80] 즉 권리를 찾는 것은 인정받지 못하던 것을 사회적으로 그리고 법적으로 보장되도록 노력해 구체적인 사실로 나타나게 하는 것이다.

사람은 생명을 지닌 자연의 일부로 자연과의 여러 관계 속에서 살아갈 수밖에 없다. 또 생존과 재생산을 위해 다른 사람들과 더불어 살아야 한다. 이처럼 사람은 사회적 관계 속에 존재하기에 어떻게 어울려 살지 끊임

---

80 강현수, 위의 책, 97쪽.

없이 탐구하며 '공동체'를 꿈꿔야 한다. 우리의 삶이 안팎으로 위협받거나 위기의식을 느낄 때 공동체에 대한 관심은 당연히 증폭된다.[81] 단속 없는 일상에서 노점상은 서로 갈등하고 경쟁한다. 어떤 장소에서 뭘 팔지, 누가 자리를 차지할지를 두고 갈등하고, 새로 발생하는 노점상과 경쟁하며 이전투구하다가 암묵적인 상도덕과 공존의 룰이 만들어지면 비로소 상생해나간다. 일할 수 있는 몸과 좌판 또는 손수레가 전부인 사람들이기에, 현실이 정말 절박하기에 그렇다.

노점상이 강력한 공동체성을 느낄 때는 단속에 대응해 맞설 때다. 노점상 단체로 조직되면 회원 사이에 긴밀한 결합성이 형성되어 정서적 융합이 강해지고 가족 같은 친밀감이 생긴다. 그러나 단체에서 동지적 관계가 발전하는 것과 달리 구성원 외의 사람, 즉 조직되지 않은 노점상에 대해선 배타적으로 대하는 태도도 있다. 저항할 때 느끼는 동질감은 자신을 지키는 데 큰 장점으

---

81 이근행, '생태적 도시공동체운동의 가능성과 전망', 《한국도시연구소 심포지엄 자료》, 한국도시연구소, 2001, 70쪽.

로 작용하지만, 저항하는 순간에 형성되는 공동체성이 일상에서도 발현될 필요가 있다. 노점상, 가난한 이웃과 저항하는 사람들끼리 일체감을 확보하기 위한 노력은 선택이 아닌 필연이 되어야 한다.

'곳간에서 인심 난다'라는 말처럼 가난한 사람들은 누군가를 돕고 싶어도 그러기 어렵다. 일반화할 수 없지만 작은 물질이라도 놓치지 않으려는 게 가난한 이들의 현실이다. 그래서 맥락 없이 '자발적 가난'을 미화하는 것도 위험하다. 가난을 둘러싼 문제를 은폐하고 개별화할 여지가 매우 높기 때문이다. 구조적인 문제를 중심에 놓고 이를 제대로 인식하면서 드러내놓고 해결책을 찾아야 한다. 그리고 개인의 이익을 좇는 태도를 버리고 상호 연대에 기초한 협력적인 관계로 나아가야 한다.

지금까지 이야기한 것들이 단순히 선험적으로 노점상 문제를 분석하고 이해한 수준에서 나아가 실천으로 응용되고 수정되면 좋겠다. 노점상 스스로 질서를 잘 지키고 변화하면서 우리의 도시를 한층 밝게 할 수 있지 않을까? 그리고 '노점상 생계 보호를 위한 특별법'이 노점상에 대한 긍정적 인식을 확산하는 데 도움이 되길 기대한다. 당장 실현되기 어려운 과제라 해도 더불어 살아가기 위한 이들의 꿈은 계속 이어져야 한다.

5장

세계의 노점상을 엿보다

한국의 노점상이 국제연대 활동을 시작한 때는 2002년 2월 8일부터 16일까지 인도의 파트나Patna와 부다가야 Buddha Gaya에서 열린 '아시아지역 노점상 워크숍'부터다. 여기에 아시아 주요 나라의 노점상이 참석해 토론했고 각국에서 벌어지는 단속과 이에 맞선 저항을 공유하며 공감을 형성했다. 한국에서 2002년 한일 월드컵 경기 개최를 앞두고 단속이 벌어지는 데에 항의하는 공동 성명을 채택해 FIFA 측과 한국 정부에 전달하기도 했다.

그리고 같은 해 11월 남아프리카공화국 더반Durban과 2003년 12월 인도의 아흐메다바드Ahmedabad에서 아시아

2002년 인도에서 열린 국제노점상 워크숍

지역 노점상 대회 및 비공식 부문 회의가 각각 개최되었
다. 이러한 흐름은 2년 후 2004년 '국제노점상 창립대
회'를 한국의 여성개발원 국제회의장에서 개최하는 것
으로 이어지고 한국의 김흥현 대표가 국제노점상연합
초대 회장을 맡게 되었다.

아래 자료는 국제노점상연합 활동 경험과 각국의 노
점상 관련 단체 활동가와의 교류를 통해 얻은 것으로 한
국의 노점상 운동을 살펴보는 데 도움이 되길 바란다.[82]

---

82   이 장은 2004년 국제노점상서울대회 자료집 및 2005년 5월 한국을 방문한
    Sharit Bhowmik 인도 뭄바이대 교수, WIEGO(Women in Informal Employment:

1.
저항하는 노점상,
인도와 네팔

1990년대 후반 인도에서 본격적인 도시화가 추진되고 곳곳에서 단속이 벌어지자 노점상을 지원하는 단체인 '사회개발연구원'이 지방을 순회하며 실상을 다큐멘터리에 담았다. 이외에 정부 관계자와 경제인이 참여한 노점상 공청회에서 노점상 단속의 부당함을 지적하자 인도 델리 정부는 2001년 8월 새 정책을 발표하고 노점상 허가제를 추진하기에 이른다. 그 후 델리 정부는 노점

Globalizing and Organizing/세계화 · 조직화되고 있는 비공식부문 여성)와 국제노점상연합 활동가와의 간담회 자료(Sharit Bhowmik, "Street Vendors in Asia: A Review", 2005. 신희철 번역)를 참고해 작성했다.

상 단속을 없애고 절대 금지구역인 레드존과 허가지역
인 그린존을 설정해 노점을 부분 허용했다. 그러나 행
정 관료의 정치적 변동이 심하고 노점상 정책에 일관성
이 떨어졌던 탓에 노점상 문제는 다시 교착 상태에 빠
졌다. 게다가 일부 부패한 관료는 노점상 허가증 발급
을 빌미로 4억 루피를 몰래 거둬들이는 부정을 저지르
기도 했다.

 콜카타Kolkata에서는 1996년에 심각한 단속 사건이 있
었다. 11월 24일 자정 무렵, 노점상 단속에 나선 경찰들
이 총기를 들고 상인들과 대치하던 중 경찰버스가 불타

는 등 양측에 피해가 발생한 사건이다. 유혈 사건의 충격으로 여론은 노점상을 지지하게 되었고 노점상들은 1998년 단체를 결성했다. 1980년대 한국의 노점상 저항을 떠오르게 하는 사건이다.

콜카타 노점상들은 수년 동안 격렬하게 저항했고 일방적 단속을 막는 데에도 성과를 냈다. 그 후 콜카타에 진보적인 주 정부가 들어서면서 큰 변화가 생긴다. 빈민 단체 36곳과 사회주의 계열 단체가 노점상들을 지원하고 단체 가입을 독려했다. 상인들은 회비를 모아 단체를 운영하거나 협동조합 형태로 노점상 은행을 만들어 재정적 지원도 했다. 문맹 퇴치 프로젝트와 같은 다양한 사업도 활발하게 진행했다. 이 밖에도 노점상 단체는 여러 NGO와 연합해 주 정부에 압력을 가했고 노점상에 대한 규제를 점차 완화해갔다.

그러나 여전히 허가 비용이 너무 비쌌고 역 주변 등 상권이 발달한 지역에 노점이 밀집해 있어 정부의 도시 개발계획과 종종 마찰을 빚었다. 노점상을 이전 배치하거나 유도 구역을 만드는 방식이 도입됐지만, 상권이 형성되지 못해 장사를 포기하는 사례가 생겼다. 치안을 담당하는 경찰들이 오히려 폭력을 휘두르거나 금품을 갈취하는 문제도 끊이지 않았다. 정부가 노점상 단체에 부분적인 치안 담당 자격을 주었지만, 지역 범죄 발생률을 줄이려는 목표와 달리 이들 또한 기득권화하는 문제가 새로 발생하기도 했다. 그 후 노점상이 전체 인구의 2.5%를 넘지 않도록 하는 '노점상의 생존권 보호 및 관리법'이 2014년에 통과되었다.[83]

한편, 네팔의 노점상은 네팔노총(GEFONT)에 가입해 노동운동과 밀접한 관계를 맺고 있다.[84] 네팔노총은 1979년 설립되었고 4개 연맹으로 출발한 노동조합 조직이다. 네팔 노점상들은 1999년 인도의 WIEGO와 교류를 시작해 2000년부터는 빈민, 노점상을 조직했고 네팔노총에 가입, 소속 연맹이 되었다. 네팔 노점상연맹에는 1만여 명의 회원이 가입되어 있고 회원 50명당 1명의 대의원이 있다. 위원장을 비롯한 15명의 간부를 총회

83 정준호, '함께하는 '노점' 사용 설명서', 시사in, 2014. 11. 21.

84 '네팔 노점상연맹 의장 나라얀 뉴페인Narayane Neupane과의 간담회', 《2004년 국제노점상연합 창립대회 자료집》, 신희철 번역, 2004.

에서 선출한다. 이 중 15%는 여성에 할당된다.

오랜 내전으로 네팔의 정치는 불안정하고 경제는 침체되어 있다. 지방에 거주하던 사람들이 거주지를 떠나 카트만두Kathmandu를 비롯한 도시로 집중된 현상은 도시 노점상 급증의 원인이 되었다. 네팔의 노점상은 카트만두시를 중심으로 동쪽의 삽타코시Saptakoshi, 비라트나가르Biratnagar, 다란Dharan, 자낙푸르Janakpur 지역과 서쪽의 치트완Chitwan, 부트왈Butawal, 포카라Pokhara, 네팔간지Nepalganj 지역에 고루 분포해 있다. 네팔이 짧은 기간 동안 많은 노점상을 조직할 수 있었던 것은 정부의 단속이 강했고, 한국처럼 민주화운동의 영향이 컸기 때문이다. 또 하루 벌어 하루 먹고사는 사람이라는 노점상과 노동자의 동질성, 단속이라는 탄압, 그리고 광범위한 비공식 노동자의 형성이 네팔노총 조직화에 영향을 미쳤다. 노점상연맹 결성은 네팔 정부의 인식에도 변화를 가져와 오후 5시 이후에만 장사할 수 있다는 방침이 바뀌었고, 노점상과의 공동사업도 전개되고 있다. 한국의 노점상도 노동조합 상급단체 가입을 검토할 때 참고할 수 있다.

2.
노점상과 상생하는
남아프리카공화국

아프리카에서 전체 GDP 중 비공식 경제가 차지하는 비중은 매우 크다. 아프리카의 비공식 경제 규모는 비농업 부문 고용의 78%, 도시 지역 고용의 61%, 그리고 새 일자리 창출의 92%를 차지한다.[85] 나는 2002년 11월 국제노점상연합 총회 참석을 위해 김홍현 당시 국제노점상연합 의장과 함께 남아프리카공화국의 해변 도시 더반을 방문했다. 더반의 바닷가 노점상은 원주민의 수공예 제품을 늘어놓고 여유롭게 장사하고 있었다. 시청 앞까

---

85 정준호, '함께하는 '노점' 사용 설명서', 시사in, 2014. 11. 21.

지 노점상이 즐비한 모습이 인상적이었다. 곳곳에 노점 상을 위한 공공 마차 등 다양한 시설이 있었고, 마차는 도시 미관을 해치지 않도록 거리와 어울리게 현대적으로 제작했다.

남아프리카공화국의 노점상 단체 활동가에 따르면 거리의 가로수는 노점상에게 그늘을 만들어주기 위해 심은 것이라고 한다. 노점을 열지 못하게 거리에 화단을 설치하는 한국과는 정반대다. 이러한 변화는 넬슨 만델라Nelson Mandela 정부 때부터라고 한다. 정치적 변화는 노점상과 정부 관계자 사이의 동반과 협력관계를 만들었다. 방문 당시의 남아공에는 노점상과 관련된 법률이 특별히 없었지만, 노점상을 최소한의 생계를 유지하는 저소득 도시 빈민의 사회 안전망으로 활용하고 있었다.

3.
동남아시아의 노점상:
태국, 말레이시아, 필리핀, 싱가포르

2004년 방문한 태국 방콕의 첫인상은 한마디로 '노점상 천국'이었다. 많은 관광객과 시민이 맛있는 먹을거리와 저렴한 물건을 거리에서 구매하고 있었다. 오래전부터 노점상은 방콕의 명물로 각광을 받았다. 방콕은 14개 지역의 사유지를 포함해 287개의 노점 구역을 허용하고 있다. 한국처럼 1990년대 말 경제 위기 이후 일자리를 잃은 사람들이 유입되면서 노점상 수가 증가했다. 방콕에서 만난 한 노점상 단체 대표는 허가 구역 외 사유지에서 장사하는 노점상까지 더하면 방콕 시대 전체 노점상은 10만 명이 넘는다고 말해주었다.

방콕은 전통적인 외식 문화 덕에 음식 노점상이 도시 인구의 많은 비율을 차지한다. 도시로 유입된 가난한 사람들로서는 요리에 들일 비용과 시간이 부족하고 식재료를 저장할 공간이나 시설도 모자라, 조리한 음식을 저렴하게 판매하는 노점을 이용하는 편이 훨씬 효율적이다. 하지만 방콕도 허가받지 않은 구역에서의 장사는 엄격하게 단속한다. 보행권 방해를 들어 노점 행위 금지 법안이 추진된 적도 있었다. 방콕의 노점상은 제대로 조직되지 않았거나 힘이 약한 것으로 보였다.

말레이시아는 1986년에 노점상 관리와 조정을 위해 정부 산하에 '행상및영세상인부서The Department of Hawkers and Petty Traders(DHPT)'를 설립했다. 1990년부터는 쿠알라룸푸르 지역 주민과 관광객을 위해 청결하고 건강하며 아름다운 도시를 만든다는 목표로 '노점상에 대한 전국 정책'을 수립하고 노점상 관리를 시작했다. 2000년 중반 서울의 강남에서 추진하려다 중단된 '먹거리 센터'와 비슷한 대책도 있었다. 푸드카 디자인을 지원하거나 주거 밀집 지역과 산업 부지를 장사 구역으로 이용할 수 있게 했다.

1970년대에는 노점상의 4.4%만이 말레이계였고 중국계는 전체 노점상 중 80.8%, 인도계는 14.8%였다. 그러나 정부가 노점상 허가증을 발행하기 시작한 2000년에는 허가증을 우선 발급받은 말레이계가 1만1,170명 (31%), 중국계 2만812명(59.3%), 인도계 3,138명(9.0%) 으로 노점상의 민족 구성이 바뀌었다. 그러나 다른 동남아 국가들과 마찬가지로 쿠알라룸푸르의 노점상 수는 아시아 경제 위기 이후 급격히 증가했다. DHPT에 따르면 허가증을 받은 노점상의 수는 1990년과 2000년 사이에 30% 늘어났으며 허가받은 노점상이 3만5,000명에 달하자 1996년 이후 허가증 발급을 중단했다. 늘어나는 노점상을 관련 법률로 수용하지 못한 것이다. 경제 위기 이후 노점상 숫자를 정확히 집계하긴 어렵지만 1만 2,000여 명이 허가받지 못한 상태에서 노점으로 생계를 꾸리는 것으로 알려졌다.

DHPT는 60여 곳의 NGO와 함께 노점상에 지원기금을 주거나 신용 설계를 지원했으며 건강, 위생, 마케팅, 재테크 등 다양한 교육 프로그램을 정기적으로 실시하

2016년 9월 필리핀 마닐라의 노점상

고 있다. 그러나 허가받지 않은 노점상은 이 혜택에서 배제된다.

NGO 활동이 매우 활발한 나라답게 필리핀에는 노점상을 위한 활동이 다양하다. 노점상 지원 단체인 '깔리프난Califnan'은 노점상을 위한 조직, 네트워킹, 집회, 교육, 법률 자문, 교섭 활동을 벌이고 있으며 노점상의 법적 지위 확보에 주력한다.

한편, 필리핀 정부는 노점상 대책으로 행정 법규를 만들고 '노점상 허용 서비스' 조례를 만들어 노점상에게 허가증을 발행, 2001년부터 합법화했다. 지방정부는 이에 따라 시장, 시장 주변 공유지, 공원 및 인도에서 적정 인원의 노점상이 등록 절차를 거쳐 장사할 수 있게 했다. 노점상과 체결된 합의각서에는 노점상이 청결과 위생 및 질서 준수에 관한 내용이 담겼다. 신청을 받아 실태조사와 평가를 통해 관리하며 세금을 거둬들인 결과 지자체의 세입도 증가했다. 2000년 중반 필리핀 정부 자료에 따르면 시내에 1만5,000여 명의 노점상이 있고 이 중 '노점상 허용 서비스'에 따른 합법 노점상이 5,000명이라고 한다.

하지만 깔리프난은 국제노점상연합 국제대회에서 이 자료의 객관성에 의문을 표했다. 내가 필리핀을 방문한 2016년에 마닐라 노점상 대부분은 정부 혜택을 받지 못하고 있었다. 노점상이 계속 발생하고 유입되는 것도 기존의 제도로 막는 상황이었다. 한국의 '노점상 총량제'와 같이 적정 노점 수를 보장한다는 약속은 이행되지 않았고 비허가 노점상은 불법이 되었다. 허가된 노점상도 여전히 장사 구역 부족, 수도 등 기반 시설 부족 문제에 시달리며 도로를 어지럽히고 교통 문제를 유발한다는 비난을 받고 있다. 합법화된 이후 오히려 노점상 정책이 표류하고 있는 것이다.

싱가포르는 현대화가 잘 된 국제적인 도시지만 과거
에 1만8,000여 명의 노점상이 있었다. 인구 1,000만 명
의 서울에 노점 5,000여 곳이 있는 것과 비교하면 인구
500만 명의 싱가포르에 노점상이 얼마나 많았는지 짐
작할 수 있다. 싱가포르 정부 행상국 보고서에 따르면
싱가포르는 노점상 허가 제도를 처음 시작한 나라다.
1971년에 시장 곳곳에 음식 노점을 조성해 허가받은 노
점상을 이주시켰으며 수도, 전기, 쓰레기 처리 시설을
제공했다. 1996년까지 모든 거리의 노점상이 먹거리 센
터나 시장으로 이주했으며 2011년 자료에 따르면 싱가
포르에 5만여 명의 노점상이 있다.

노점상 관리는 환경성 산하 행상국이나 주롱Jurong
시 공사, 주택개발위원회 등에서 한다. 철저한 노점상
관리 사업의 배경에는 싱가포르 정부의 '클린앤그린
Clean&Green' 정책이 있다. 담배꽁초나 쓰레기를 버리면
500~2,000달러의 벌금이 부과되는 등 엄격한 정책으로
노점상을 대대적으로 정비 · 단속했으며 동시에 간선도

로변에 유도구역을 지정해 노점상을 재배치했다. 현재 노점상 유도구역 150곳에 물품 판매점 1만8,000여 개, 음식 판매점 7,000여 개가 있으며 이 밖에 27개의 시장에 노점상이 있다. 이들 대부분은 환경성에서 영업허가를 받았고 45세 이상 결핵 검사 등 정기적인 위생 검사를 받아야 한다. 공중보건법을 준수하고 음식과 위생 및 질서 관련 정규 교육과정도 이수해야 한다. 이를 어길 경우 벌점제에 따라 영업 정지 처분까지 받는다. 1999년 노점상 센터 내 204개의 판매점과 환경성의 허가를 받지 못한 1,184개의 판매점이 과태료 처분을 받았다. 환경성 관할 10개, 관할이 아닌 노점상 33개의 판매점이 영업정지 처분을 받은 적도 있다.

1994년 4월부터는 20년 이상 영업을 한 사람들만 전업 자금을 융자받아 판매점을 구매할 수 있게 했다. 대상자 중 90.2%인 1,871명이 판매점을 산 것으로 조사됐다.[86] 2003년에는 45개의 센터가 업그레이드되며 임

---

86 서울시정개발연구원 · 한국도시연구소, 『노점상 관리방안 중 · 장기대책 모색』, 서울특별시 건축지도과, 2001, 153쪽.

대료가 인상되었으나 판매 가격이 여전히 저렴한 덕분에 서민에게 이롭다는 평가를 받고 있다. 내가 방문한 2002년만 해도 노점상 문제가 어느 정도 해결된 것처럼 보였다. 그러나 한국 노점상 문제와 직접 비교할 수는 없다. 싱가포르는 관광 사업에 따른 경제적 여유가 있고 실업률도 비교적 낮다. 노점을 열지 않아도 생계를 유지할 만한 경제적 조건을 갖췄으며, 노점상의 안정은 강력한 규제와 관리의 결과이기 때문이다.

4.
엄격한 규제의 중화권 노점상:
중국, 홍콩, 대만

1978년 개방정책을 실시하며 빠른 속도로 도시화하고 빈부 격차가 심화한 중국은 인력거, 노점 등을 통해 생계를 이을 수 있도록 노점상 정책을 추진하게 된다. 상하이의 경우 비공식 부문 조합에 결합한 노점상의 수가 27만여 명에 이른다.[87]

국제노점상대회에 참석했을 때 만난 중국의 노점상 대표는 공무원 신분으로 보였는데 무료 법률 자문과 기술 훈련 등 다양한 방식으로 노점상 권익 향상을 꾀하고

---

87 《2004년 국제노점상연합 창립대회 자료집》, 2004, 87쪽.

있으며 공식적인 부문으로 취업이 가능하도록 노력을 기울이고 있다고 선전했다. 하지만 상하이에 '사는 사람보다 파는 사람이 더 많다'라는 보고가 있을 정도로 도시 유입 인구 증가에 따른 노점상 증가도 폭발적이었다. 상가를 얻으려 해도 상하이의 월세가 너무 비싸 심각한 도시문제로 이어지는 상황이었다. 2013년 내가 중국을 방문했을 때도 거리 노점상이 단속으로 고통받는 모습을 쉽게 목격할 수 있었다.

한편, 중국의 다롄大連시는 공개입찰로 선정된 업체의 푸드카를 '도시시정시설관리조례'에 따라 허용했다. 조례 22조와 23조에 따르면 도로 위에서 장사하는 것을 금지하나 일시적으로 도로를 점용해야 하는 경우 반드시 시정시설 행정주무부처로부터 허가를 받아야 한다. 25조에 따르면 허가받은 경우 자리를 임대하거나 양도할 수 없고 점용 목적, 사용범위, 사용 기한을 임의로 변경할 수 없으며 연장하고자 하는 경우 법에 따라 연장 수속을 거쳐야 한다. 영업시간은 아침식사 시간(오전 5시 30분~9시)과 점심식사 시간(오전 10시 30분~1시 30분)이며 이 밖에도 영업장소 및 기타 여러 가지 규정사항을 준수해야 한다.[88] 하지만 코로나19로 경제에 어려움을 겪자 2020년 규제를 완화하는 등 최근 중국 정부는 노점상을 장려하는 추세다.

홍콩에는 1975년에 2만5,000여 개의 노점상이 있었으나 2000년대 들어 9,000개 수준으로 줄었다. 신규 허가를 원칙적으로 금지함으로써 노점상 숫자를 총량제로 유지한 데 따른 것이다. 행정원 환경위생국이 정책을 담당하고 194개조 3,500명의 상근 직원으로 이뤄진 '노점상관리대'를 운영한다. 이는 노점 4개당 1명이라는 막대한 인력으로 이들이 노점상 단속과 고발조치, 물품 압수를 하고 있다.[89] 홍콩 40여 개 지역에 노점상 연합조직이 결성되어 있고 이들은 단속에 반대하는 시위와 서명운동을 전개하며 허가 확대, 점용료 인하 등을 요구하고 있다. 2016년 이후 홍콩에서 대규모 반정부 시위가 벌

---

88   식품의약품안전처 식품안전정책 비교 보고서 2014-08, 《제외국 푸드트럭 관리 현황》, 식품의약품안전처, 2014.

89   서울시정개발연구원 · 한국도시연구소, 『노점상 관리방안 중 · 장기대책 모색』, 서울특별시 건축지도과, 2001, 141쪽.

어진 계기 가운데 하나가 노점상이었다. 정부가 노점상 거리 10여 곳을 불시 단속하며 불을 지폈고 이는 이른바 우산 혁명 이후 '어묵 혁명'으로 불릴 정도로 격렬한 저항을 불렀다.

대만에선 1984년부터 건설국을 중심으로 경찰의 위생환경부서가 노점 관리 업무를 담당해왔고 1986년부터는 '타이베이 노점상 관리규칙'이 시행되고 있다. 1993년 기준으로 타이베이 전역에 노점상 약 2만5,000개가 산재해 있으며 절반은 허가받지 않은 노점상이다. 허가 기준은 타이베이시에서 6개월 이상 거주, 심사 비준을 거친 영세 가구, 장애인, 50세 이상이다. 그리고 한국과 마찬가지로 다양한 규제안을 통해 허가를 취소할 수 있다. 한때 대만은 노점상 정책의 모델로 알려졌지만 다른 여러 나라와 마찬가지로 늘어나는 신규 노점상을 감당하지 못하고 노점상 관리에 큰 비용을 지출하고 있다. 특히 2015년 이후에는 허가받지 않은 차량을 이용한 식품 관련 영업을 엄격히 규제하고 있다. 대만 노점상들은 '푸드카 창의발전협의회'를 꾸려 휴일 행사에 푸드카 영업을 허가해달라고 요청하고 있다.

5.
노점상 정책에 따라 줄어드는
일본의 야타이

'야타이屋台'는 지붕 있는 노점이라는 뜻이다. 일본에선 2차 대전이 끝난 1945년 후생성(현 후생노동성)이 대대적으로 노점을 단속해 큰 사회 갈등이 있었다. 1955년 이후 지속해서 노점상을 관리했고 1965년에는 도로 사용허가 취득 요강을 정해 노점 규격화를 실시했다. 그리고 명의변경 금지, 각서 및 서약서 제출, 신규 영업금지 등의 기준이 만들어졌다. 특히 일본은 고정 판매대를 금지하는데 2000년 7월 1일 '야타이 지도 요강' 조례에 따르면 도로운송차량법 제32조에 따라 '물품 판매 등을 목적으로 도로상에 임시로 설치하여 토지에 고정되어 있지

2017년 일본 후쿠오카의 야타이

않아야' 한다. 이 규정은 제2조 제4항의 '경차량에 야타이 영업을 위해 설비를 부착한 것' 등으로 변해왔다.

일본의 노점은 계속 감소해 1997년 기준 전국에 약 400여 개뿐이다. 이 중 280개가 후쿠오카현에 있다.[90] 일본의 식품위생법은 제52조에 근거하여 지방자치단체에 위임하고 있으며 도쿄는 차량을 이용한 영업행위를 지방자치단체 조례로 허용하고 있다.[91] 도로법에 따라

---

90   서울시정개발연구원 · 한국도시연구소, 『노점상 관리방안 중 · 장기대책 모색』, 서울특별시 건축지도과, 2001, 121쪽.

91   식품의약품안전처 식품안전정책 비교 보고서 2014-08, 《제외국 푸드트럭 관리 현황》, 식품의약품안전처, 2014.

도로점용은 구청에서, 도로사용은 경찰서에서 허가하며 가로 3m, 세로 2.5m의 면적과 운영시간이 정해져 있다. 영업허가는 식품위생법에 근거해 보건소에서 허가하며 기간은 5년이다. 이 밖에도 공원에는 도로점용 허가와 도로사용 허가 대신 '공원 내 행위 허가'를 별도로 취득 해야 하는 등 절차가 매우 까다롭다. 특히 푸드카는 조리 영업자 규제사항이 매우 엄격하다.

도시 미관을 고려해 마차를 반드시 주차장에 보관해야 하고, 자율적으로 주변을 청소해야 하며, 사업자는 조합 주관으로 소득 신고 후 소득세를 납부해야 한다. 노점상 관리는 각 구청 토목국 관리부 도로관리과 내 야타이 문제 대책반에서 전담하며, 야타이 지도 요강에 따라 순회지도원이 구별로 2명씩 배치돼 주 3회 순회하고 점검한다. 또한, 보건소 소속 위생감시원이 정기 순회지도를 하고 경찰과 보건소의 합동 순회도 하고 있다. 위반 행위에 대해서는 경중에 따라 일반 위반, 중대 위반, 특별 중대 위반으로 구분하고 각각에 지도체계를 두어 누적 시 '허가 취소'까지 할 수 있다.

후쿠오카는 지금도 시정 모니터제도를 운용하여 야

타이를 관광명소로 소개하고 홍보하지만, 2016년 후쿠오카의 나카스中州 지역을 방문했을 때 20대가 안 되는 포장마차만 겨우 명맥을 유지하고 있었다. 음식 포장마차가 아닌 손수레 노점상에 대해서는 상가와 노점상 간의 자율적 관리가 이뤄지고 있었으며 행정당국이 별도로 관리 정책을 시행하지 않는데도 그 숫자는 미미했다. 일본의 야타이 관리가 한국 '노점관리대책'의 모델이 돼 서울시청과 관련 연구기관에서 이를 벤치마킹한 것으로 보인다. 일본의 노점상은 스스로 주체가 되어 단결하지 않으면 생계 터전을 지켜내지 못한다는 것을 보여주는 사례다.

6.
플리마켓에서 푸드카 체인까지, 프랑스 노점상

2007년 세네갈에서 개최된 노점상 국제회의 후 프랑스 파리를 방문했다. 대로변의 가로 판매대는 주변 건물과 어울리게 디자인되어 있고 거기서 신문과 잡지 등을 보급했다. 파리의 명소 몽마르트 언덕에서 허가받은 거리 화가들이 인물화를 그려 판매하고 있었지만, 허가받지 못한 화가들은 서서 그림을 그렸다. 오래된 명물인 세느 강 주변 책방 거리 부키니스트Bouquiniste에도 많은 사람이 찾아오는 모습이었다. 유럽은 오래전부터 플리마켓이 활성화되어 있다. 파리 시내 야시장과 플리마켓은 주로 자투리땅을 활용해 도로 사용료를 내고 용역 업체가

2007년 파리 몽마르트 언덕의 노점상

공급하는 전기와 물을 이용해 장사한다. 많게는 200여
개의 좌판이 펼쳐지는데 항상 물건을 사려는 관광객과
손님으로 북적인다. 판매하는 상품도 채소와 고기, 과일
은 물론 옷가지와 각종 잡화까지 다양하다. 일주일에 두
번, 수요일과 일요일에 벼룩시장이 열리는데 싱싱하고
저렴해 큰 인기다.[92]

92　서울시는 유럽의 플리마켓을 벤치마킹해 2010년부터 청계천, 광화문 등지
　　에서 주말 벼룩시장을 운영했다.

프랑스는 1969년 차량을 이용한 노점상과 일반 노점상 영업, 또는 예술가들의 거리공연을 대상으로 당국에서 허가서를 발급했다. 유럽연합 역내에서는 6개월 이상 고정 주소가 없는 사람에게도 허가서를 내주었다. 2009년에는 파리에 '연기나는 트럭Le Camion qui fume'이라는 상호의 푸드카 체인이 등장한 후 관련 사업이 확대되기도 했다.

7.
미국의 노점상
허가제와 부작용

미국은 대부분 지역에서 노점상 허가제를 실시한다. 여러 주에서 푸드카를 이용한 식품 관련 영업행위를 시 단위 조례 또는 법규로 허용하고 있다.[93] 뉴욕시는 이동식 식품 판매를 가공 여부에 따라 다섯 개의 적용 등급으로 나눠 관리한다. 뉴욕시 보건정신위생국(DOHMH)에서 면허를 발급받고 교육과정을 거쳐야 2년가량의 허가증을 받을 수 있다. 트럭의 허가에는 별도의 까다로운 규

---

93 식품의약품안전처 식품안전정책 비교 보고서 2014-08,《제외국 푸드트럭 관리 현황》, 식품의약품안전처, 2014.

정이 있는데 이 때문에 트럭 운영자와 실제 근무자가 다른 경우가 많고, 면허를 취득한 근무자는 트럭 운영자에게 고용되어 있다.

노점상 허가제가 가장 늦게 추진된 지역인 LA는 2016년 12월 LA 시의회에서 노점상의 영업 합법화를 만장일치로 승인하고 2017년 노점상 합법화 조례안(Sidewalk Vending ordinance)을 찬성 11, 반대 2로 통과시켰다. 2018년 개최된 LA 시의회 전체회의에서는 만장일치로 최종 합법화 조례안을 승인했다. 조례는 시내 각 지역의 노점상이 언제, 어디서 영업할 수 있는지 상세히 규정했고, 한 블록 당 2개의 노점만 허가하는 내용을 담고 있다. LA 시내 노점상의 연간 매출은 총 1억 달러에 달하며 이 중 식품 관련 노점상이 전체의 43%를 차지하고 있다. 2017년에 LA시에는 1만여 명의 음식 노점상과 4만여 명의 일반 노점상이 영업하는 것으로 알려졌다.[94]

LA시 공공사업부는 2020년 1월부터 공공 보도나 공원에서 음식이나 물건을 판매할 수 있는 노점상 허가증

---

94 'LA시 길거리 노점상 합법화한다', 미주한국일보, 2017. 2. 1.

발급을 시작했다. 새 조례에 따라 시 전역 9곳에서 비교적 손쉽게 노점상 허가를 받을 수 있다. 규제 대폭 완화로 사실상 노점상이 합법화되어 쓰레기 수거나 보행을 방해하지 않는 등의 최소한의 조건을 지키면 합법적으로 노점을 운영할 수 있게 되었다. 건물주들도 식품안전, 소음공해, 위생문제 등에 대한 항소 절차 없이는 건물 앞에서 노점상을 하는 것을 무작정 거부할 수 없다. 허가증 발급 비용은 2020년 7월 현재 541달러다. 대신 규정을 위반하면 첫 번째 위반 시 100달러, 두 번째 위반 시 150달러, 세 번째는 200달러의 벌금이 부과되며 1년 중 4차례 이상 적발되면 노점 허가가 취소된다. 허가증 없이 노점을 운영하다 적발되면 첫 단속 때 250달러, 두 번째 500달러, 세 번째 1,000달러로 벌금이 가중된다.[95]

한편, 뉴욕시에선 강력한 규제와 단속이 따랐다. 2019년에는 지하철역 등의 치안과 질서를 위해 대폭 증원 배치된 경찰이 허가 없이 추로스를 판매했다는 이유로 노

---

95 '300달러 내면 노점상 허가증 준다', 미주한국일보, 2020. 1. 4.

점상에게 수갑을 채워 체포한 일이 있었다. 시민단체와 뉴욕 시민들은 경찰의 과잉 대응에 반대하며 시위를 벌였다. 뉴욕시에서 노점 영업을 하기 위해서는 50달러를 내고 이동식 노점상 허가증을 사야 하고 이동식 푸드카는 개별로 200달러를 내야 한다. 문제는 이들 허가증의 숫자가 제한되어 있어 돈을 내고도 허가증을 받을 수 없다는 것이다. 지난 1983년 뉴욕시가 허가증의 숫자를 2,900개로 지정한 이후 지금까지 이 숫자가 유지되고 있다. 현재 뉴욕시 노점상은 약 2만 명으로 추산되는데 이는 허용된 허가증의 7배에 달하는 수치다.[96]

---

96 '허가증 3000장인데 2만명 장사, 뉴욕시 노점상 딜레마', 이코노믹리뷰, 2019. 11. 23.

8.
세계의 노점상 정책이
시사하는 것

다른 나라의 노점상 정책을 통해 알 수 있는 것은 '경제
적 조건'이 노점상에게 큰 영향을 미친다는 것이다. 어
느 나라든 노점상은 공식적인 경제 부문에서 밀려난 사
람들이 취할 수 있는 마지막 생계 방편이다. 불안정 노
동과 실업이 증가하는 상황에서 사회안전망이 마련되
지 않는 한 노점상이 늘어나는 현상은 여러 나라에서 확
인된다. 특히 저개발 국가는 도시화에 따라 농촌을 떠난
농민들이 대거 도시로 유입되어 일자리를 구하지 못해
노점상과 같은 직업에 종사하게 된다.

　노점상을 도시 환경과 개발의 방해 요소로 보아 강

2007년 4월 '고레섬Island of Goree' 그림을 파는 세네갈 노점상

제 단속하는 것은 공통적이었다. 일본은 이미 오래전부터 각 구청 내 '야타이 문제 대책반'을 운영해 강력한 단속을 벌였고 거리에서 노점상을 찾아볼 수 없게 만들었다. 홍콩의 행정원 환경위생국의 상근직원으로 이뤄진 '노점상관리대'처럼 단속에 막대한 비용을 들이기도 한다. 한국은 자치단체에서 민간 사설 경비용역을 이용하고 있다. 인도의 '방갈로르Bangalore' 6개 구역의 853개 노점상을 합법화했으나 일부 허가받은 노점상에게 치안을 맡겨 새로 발생하는 노점상을 단속하게 했다. 미국도

오래전부터 대부분의 주에서 조례를 통해 허가제를 추진했지만, 역시 늘어나는 노점상을 포용하지 못하고 크고 작은 갈등과 충돌을 빚고 있다. 이처럼 노점상 발생의 책임이 사회 구조에 있음에도 불구하고 어느 나라든 물리적 단속으로 '생존수단을 박탈당하지 않을 권리'와 '인간다운 생활수준을 유지할 권리'를 심각하게 침해하고 있다.

어느 나라든 노점상에는 보편적 순기능이 있다. 특히 저개발 국가의 거리에 펼쳐진 음식 노점은 환경이 열악해 보일지언정 지역 주민의 식사 문제에 효율적으로 기능한다. 유럽의 많은 국가와 도시에서 플리마켓은 관광명소이며 다양한 문화에도 기여한다. 유럽 플리마켓은 한국의 노점상 단체 '민주노점상전국연합'에서 주장하는 '노점상 비범죄화', '비제도적 자율질서체계'와 비슷한 모델이다. 자치단체가 노점상을 범죄시하거나 제도적 규율로 통제하는 방식보다 최소한의 개입으로 노점상 당사자와 동반관계를 갖추는 것이 바람직하다는 문제의식이다. 이는 노점상 생계보호를 위한 특별법으로 이어져야 한다. 이를 통해 지역사회에서 발생할 수 있는 역기능을 최소화하고 노점상의 순기능은 최대화하여 '도시문화'로 정착해 나가야 한다는 주장이다.

사회운동적으로 참고할 부분도 있다. 앞서 서술했듯이 한국의 노점상은 진보적인 정치 사회단체와 유기적으로 연합해 생존권을 지켜내고 민주화 운동에 동참하는 등 다른 나라에서 유례를 찾기 어려운 전통을 만들어냈다. 다른 나라에서 노점상은 NGO 단체 프로젝트 사업의 일환으로 활동가에 의해 조직 관리되거나, 중국처럼 국가에 의해 직접 관리 운영됐다. 그리고 많은 국가의 노점상 조직화 비율은 미비한 수준이다. 물론 인도 노점상연합, 스리랑카 노점상연합, 네팔 노점상연맹, 방글라데시 비공식노동자연맹 등은 전국적인 노점상 회원 중심의 대중단체로 한국처럼 운영되고 있지만, 각 나라의 노점상 운동이 어떻게 사회운동과 연대하며 자신의 문제를 해결해 나가는지 지속적인 관찰과 교류가 필요하다.

이 밖에도 아동과 여성 노동 문제가 있다. 많은 저개발 국가 노점상에서 여성과 아동이 차지하는 비율이 매우 높다. 마차 소유권이 대개 남자에게 있고 여기에 고용되어 일하는 여성과 아동은 다양한 착취와 폭력에 노출돼 있다. 인도의 'SEWA'[97]와 같이 이러한 현실을 극복하기 위한 조직의 활동은 다른 나라에도 긍정적 영향을 미치고 있다. 한국의 노점상 단체도 이들처럼 여성 노점상의 참여와 리더십을 만들어낼 활동이 필요하다.

　마지막으로 노점상이 하나의 사업으로 발전하는 경향도 보인다. 미국과 유럽 등 선진국에서는 거리의 고정된 노점상을 강력히 단속하는 대신 이동형 노점상에 대해 허가제를 실시하고 있다. 프랑스 파리와 미국에서는 자본이 투입된 푸드카가 운영 중이다. 몇 년 전부터 한국에서도 이러한 확장 추세가 나타났고 길거리 음식 특허와 전국 체인망화로 이어지고 있다. 따라서 이 정책이 실제 가난한 서민들의 생계 방편이 아닌 자본의 논리에 따른 이윤 창출의 도구가 될 수 있다는 점을 경계해야 할 것이다.

　지금까지 살펴보았듯이 여러 국가에서 시행하는 '노

97　Self-Employed Women's Association. 자가고용여성연합. 1972년에 창립된 비공식 부문 여성 노동조합으로 인도 서부 구자라트 주의 대도시 아메다바트에 있으며, 6개주 8개구에 회원을 두고 있다.

점상 허가제'는 궁극적인 해결이라고 할 수 없다. 한국은 1989년 가로 판매대 사업을 시작으로 노점상 허가 정책을 추진했고 2000년대 중반 오세훈 서울시장의 '도시디자인 사업' 일환으로 허가제, 즉 '노점관리대책'이 본격적으로 전개되었다. 하지만 결과적으로 이는 노점상의 생존에 도움이 되지 못했고 노점상은 오히려 생계를 위협당하고 있다. 전 세계적인 장기 침체가 계속되는 가운데 한국의 노점상도 다른 나라의 사례와 별반 다르지 않은 도시문제로 존재하고 있다.

서두에 노점상의 노露는 이슬이라고 했다. 이슬은 곧 사라지지만 다음 날 아침이면 물기를 머금고 다시 피어난다. 노점상도 마찬가지다. 관리하고 통제하는 정책은 이들에게 도움이 되지 않는다. 노점상은 사라질 수 없고 결코 사라져서도 안 된다. 노점상의 역기능을 최소화하고 순기능을 살리면서 노점상을 유지할 수 있는 방안이 절실하다. 그러면 노점상은 이슬처럼 모든 이와 어울려 도시를 촉촉하게 하는 존재로 날마다 새로 태어날 수 있지 않을까?

[참고자료]

* 논문/문헌

(사)민주언론운동시민연합 · 전국민중연대, 「빈민 생존권 문제에 관한 최근 언론보도의 문제점」 토론회 자료집, 2003.

강현수, 「'도시에 대한 권리' 개념 및 관련 실천 운동의 흐름」, 『공간과 사회』 32권, 한국공간환경학회, 2009.

_____, 「'도시 연구에서 정의와 권리 담론의 필요성과 과제」, 《'도시와 정의, 도시와 권리' 학술대회 자료집》, 한국공간학회, 2010.

강보라, 「포장마차의 풍경사」, 『여가학연구』 제10권 제2호, 한국여가문화학회, 2012.

김건식, 「노점상정책의 비판적 검토」, 『도시와 빈곤』 47권, 한국도시연구소, 2000.

김동춘, 「1971년 8.10 광주대단지 주민항거의 배경과 성격」, 『공간과 사회』 38권, 한울엠플러스, 2011.

김병인, 「도시와 노점상 인권」, 《'도시와 정의, 도시와 권리' 학술대회 자료집》, 한국공간학회, 2010.

김성윤, 「사회적 경제에서 사회적인 것의 문제」, 『문화과학』 73호, 문화과학사, 2013.

김수현, 「노점상 문제에 어떻게 접근할 것인가?」, 『도시와 빈곤』 47권, 한국도시연구소, 2000.

김원, 「1971년 광주대단지 사건연구: 도시봉기와 도시하층민」, 『기억과 전망』 18권 18호, 민주화운동기념사업회, 2008.

김지민, 「노점상 문제의 현황과 운동의 방향」, 『도시와 빈곤』 2권, 한국도시연구소, 1994.

김준희, 「노점상운동의 형성과정과 노점상조직의 사회적 기능에 관한 연구」, 성공회대학교, 2010.

_____, 「도시공간과 노점상의 권리에 관한 연구: 1980년대 노점상운동의 형성과정을 중심으로」, 『공간과 사회』 36권, 한울엠플러스, 2011.

_____, 「노점상운동의 역사와 주요 쟁점」, 『도시와 빈곤』 97권, 한국도시연구소, 2012.

나준수, 「노점의 이주 및 정착 과정을 통한 도시공간 점유방식에 관한 연구: 동묘 벼룩시장을 중심으로」, 서울대학교 환경대학원, 2018.

대한국토학회, 「서울시 노점상 실태분석과 효율적 관리방안에 관한 연구」, 서울특별시, 1989.

박동래, 「도시의 비공식적 공공장소로서 포장마차의 특성연구」, 서울시립대학교, 2015.

서울대학교 환경계획연구소, 「서울시 가로경제부문의 실태분석에 관한 연구」, 1984.

서울연구원, 《위기의 도시 희망의 도시 심포지엄 자료집》, 2016. 6. 24.

엄정윤·김승현, 「'노점상' 관련 보도에서 나타난 언론의 공간인식 분석」, 한국언론학회, 54권 3호, 2010.

이계수, 「신자유주의 국가 '권력'과 용역 '폭력': 소유·권력·폭력에 대한 법정치학적 고찰을 중심으로」, 2012.

이영민, 「신촌일대 공간특성 및 도시사회적 변화과정」, 이화여자대학교, 2016.

이인선, 「노점상 '컨센서스'와 서울시 노점관리행정」, 『도시와 빈곤』 47권, 한국도시연구소, 2000.

장재준, 「도시노점상의 계급성에 관한 일 연구」, 『사회와 역사』 29권, 1991.

정원오, 「노점상 실태와 대책에 관한 연구」, 서울대학교, 1990.

최인기, 「전노련의 10년 역사를 더듬어 본다」, 『해방수레를 끌며』 2호, 1996.

_____, 「노점상 실태 및 의식조사」, 『해방수레를 끌며』 4호, 1999.

_____, 「국제노점상서울대회 자료」, 『해방수레를 끌며』 7호, 2004.

_____, 「우리시대 노점상 현황과 실태」, 『해방수레를 끌며』 8호, 2006.

_____, 「동대문 운동장 공원화 사업과 사회적 합의」, 『진보평론』 35호, 2008.

_____, 「노점상 강제퇴거 현황 및 문제점」, 『도시와 빈곤』 93권, 2011.

_____, 「도시빈민운동의 조직화와 연대」, 『역사비평』 102호, 2013.

_____, 「노점상운동의 현재와 과제」, 빈곤사회연대 반빈곤정책포럼, 2017.

한국공간학회, 《'도시와 정의, 도시와 권리' 학술대회 자료집》, 2010.

홍인옥, 「노점상문제 현황 및 갈등구조 분석」, 《대한지리학회 1999년 추계학술대회 논문집》, 대한지리학회, 1999.

_____, 「노점상문제의 해결방안 모색」, 『도시와 빈곤』 38권, 한국도시연구소, 1999.

_____, 「점포상인, 노점상, 그리고 행정이 함께 풀어가는 노점상 문제: 부평문화의 거리를 중심으로」, 『도시와 빈곤』 제47권, 한국도시연구소, 2000.

_____, 「노점상 문제에 대한 재인식과 대책방안 모색」, 한국노동연구원, 2000.

_____, 「특화거리조성사업의 성과과 과제: 종로노점거리를 중심으로」,

서울연구원, 2012.

황진태 · 권규상 · 조영지, 「노점상 연구에서 도시 비공식성 개념의 이론적 실천적 함의」, 『공간과 사회』 53권, 한울엠플러스, 2015.

* 민주노점상전국연합 자료 및 기타 활동자료

《저기 소리 없이 꽃잎 한 점 지고: 전국빈민연합 열사추모제 자료집》, 1988.

《핏빛 아암도: 이덕인 열사 진상규명 자료집》, 1996.

《전국노점상총연합 공청회 자료집》, 1999.

《국제노점상서울대회 자료집》, 전국노점상총연합, 2004.

Sharit Bhowmik, WIEGO 연구원과 간담회 자료(번역 신희철), 2005.

《민주노점상전국연합 정책토론회 자료》, 2013.

: 김준희, "도시의 구성원으로서 권리를 주장할 수 있는 노점상운동이 모색되어야 한다"

: 강동진, "노점은 금지와 규제대상이 아니라 권리의 주체로 사회적으로 보호되어야 한다"

: 김상철, "노점상 문제, 자율과 규제를 넘어서야 한다"

유의선, 《노점관련 법안 간단해설》, 전국노점상총연합, 2014.

〈이덕인 의문사사건 조속한 조사개시 촉구 및 조사요구 의견서〉, 이덕인열사 의문사 진실규명 및 명예회복을 위한 공동대책위원회, 2021.

〈코로나19 시기 노점상의 소득 감소와 삶 그리고 대안〉, 민주노점상전국연합 · 빈곤사회연대 · 한국도시연구소, 2022.

* 서울시 등 지자체 자료

최상철 외, 『노점상의 실태와 대응방안: 서울시를 중심으로』, 서울시정개발연구원, 1993.

서울시정개발연구원 · 한국도시연구소, 『노점상 관리방안 중 · 장기대
　　책 모색』, 서울특별시 건축지도과, 2001.
〈노점대책 기자설명회 자료〉, 서울시 건설행정과, 2007.
〈서울시 시간제 · 규격화 노점거리 확대 추진계획〉, 2008.
「광명시 도로구역 영업물시설 관리 등에 관한 조례」, 제1657호, 2009.
「서울특별시 보도상영업시설물 관리 등에 관한 조례」, 제5597호, 2013.
〈거리가게 디자인개선 가이드라인연구〉, 서울디자인재단, 2015.
「서울특별시 음식판매자동차 영업장소 지정 및 관리 등에 관한 조례」,
　　제6267호, 2016.
〈거리가게 관리를 위한 가이드라인(안)〉, 2017.
〈서울시 거리가게 관리를 위한 가이드라인 합의사항〉, 2017.

* 단행본

강현수, 『도시에 대한 권리: 도시의 주인은 누구인가』, 책세상, 2010.
김주환, 『포획된 저항』, 이매진, 2017.
김용출, 『시대를 울린 여자: 최옥란 평전』, SeoulPost, 2003.
김영철, 『길에서 부르는 노래』, 풀무질, 2006.
김철봉, 『없는 사람 살기에는 뜨신 날이 좋은데』, 시선, 1993.
데이비드 하비, 『사회정의와 도시』, 최병두 옮김, 종로서적, 1983.
마뉴엘 카스텔, 『도시지역운동의 역사적 전개』, 세계, 1986.
맥퍼슨 외, 『재산권 사상의 흐름』, 김남두 엮음, 천지, 1993.
박은숙, 『서울의 시장』, 서울특별시시사편찬위원회, 2007.
백욱인, 『한국사회운동론』, 한울아카데미, 2009.
서울과노동시기획위원회, 『서울과 노동시』, 실천문학사, 2010.
송영애, 『떡볶이 아줌마의 아픈하루』, 갑을패, 2005.
신승원, 『앙리 르페브르』, 커뮤니케이션북스, 2016.

앤디 메리필드, 『매혹의 도시, 맑스주의를 만나다』, 남청수 외 옮김, 이후, 2005.

이성호, 『노점상 시작부터 월수 5백까지』, 은행나무, 1999.

이인희, 『제국의 상인: 보부상 준마, 경제의 꽃을 피우다』, 북허브, 2018.

이재유, 『계급』, 책세상, 2008.

정동익, 『도시빈민연구』, 아침, 1985.

조명래 외, 『신개발주의를 멈춰라』, 환경과생명, 2005.

최병두, 『데이비드 하비』, 커뮤니케이션북스, 2016.

최인기, 『가난의 시대: 대한민국 도시빈민은 어떻게 살았는가?』, 동녘, 2012.

_____, 『떠나지 못하는 사람들: 무엇이 그들을 도시의 유령으로 만드는가?』동녘, 2014.

_____, 『그곳에 사람이 있다: 오래된 미로, 도시 뒷골목』, 나름북스, 2016.

_____, 『청계천 사람들, 삶과 투쟁의 공간으로서의 청계천』, 리슨투더시티, 2018.

최인기 외, 『누리하제』, 노나메기. 2004.

토머스 모어, 『유토피아』, 주경철 옮김, 을유문화사, 2007.

한국사회사연구회 엮음, 『한국의 사회신분과 사회계층』, 문학과 지성사, 1990.

가난의 도시

2022년 5월 9일 초판 1쇄 발행

지은이	최인기
편집	최인희 조정민
디자인	이경란
인쇄	도담프린팅
종이	페이퍼프라이스
펴낸곳	나름북스
등록	2010.3.16. 제2014-000024호
주소	서울 마포구 월드컵로15길 67 2층
전화	(02)6083-8395
팩스	(02)323-8395
이메일	narumbooks@gmail.com
홈페이지	www.narumbooks.com
페이스북	www.facebook.com/narumbooks7

ISBN 979-11-86036-69-3 03330
16,000원